リーダー論

高橋みなみ（AKB48）

講談社AKB48新書　002

はじめに

みなさん、こんにちは。ＡＫＢ48グループ総監督の高橋《たかはし》みなみです。

……こんなふうに挨拶できる日も、残り少なくなってきました。

私がアイドルグループ・ＡＫＢ48に入って、丸10年が経ちました。オープニングメンバー（第１期）オーディションに合格した時は、14歳、中学２年生でした。

ＡＫＢ48に入ったばかりの頃、私は他のメンバーに比べて、何もかもが足りませんでした。みんなの足を引っ張るばかりで、ついていくことだけで精一杯。人見知りだったので、チームの中にうまく溶け込むこともできなかった。でも、ある時からチームを引っ張っていくリーダーの役割を担うようになり、その後「キャプテン」の肩書をもらい、やがて「総監督」という立場になりました。自分でもびっくりです。

その肩書を、私はもうすぐ下ろします。

２０１４年12月、１年後をめどにグループを卒業する事を発表しました。１年間の猶予をもらったのは、私がこれまでリーダーの立場でやってきたことを、しっかり引き継ぐ時間が欲しかったからです。限られた時間の中で、私がこのグループに残せるものは何だろう？　そんなふうに試行錯誤していた時に、自分がこの10年で考えたことや、活動してきたことを文章でまとめ、こうして本にする機会をいただくことができました。

まだ24歳の私が「リーダー論」を語るなんて、おこがましいという気持ちもあります。私が語れるのは、私自身の経験でしかありません。あくまで一例として、AKB48グループのリーダーは、こんな役割を果たして、こんな考え方でメンバーと接してきたのか、と、参考にしてもらえたら。自分にぴったりくる話ばかりとは限らないと思いますが、会社や部活などいろいろな場所でリーダーの役割を担っているみなさんに、少しでも役立つ部分があれば嬉しいです。

もちろん、誰もがリーダーという立場にいるわけではありません。でも、誰もがきっと、何かしらのチームには所属していると思います。リーダーの仕事を理解することとは、チームのメンバーたちにとっても大きな意味があると思います。自分が所属しているチームのことを、より客観的に見つめる視点が得られるからです。メンバーとして、自分はチームのためにこう動きたい、よりよいチームにするためにこんな役割を果たしたいというアイデアが生まれるきっかけになったらいいなと思います。

また、チームのメンバー同士の「コミュニケーションの仕方」についての話もたくさんしています。人間関係は悩みを運んでくるものでもありますが、人間関係こそが人生を豊かにしてくれる。これは10年間、女子ばかりのグループで過ごしてきた、いちメンバーとしての、結論のひとつです。

先ほども言いましたが、私がAKB48に入って、10年が経ちました。この本を作るにあたって「どうして10年間このグループにい続けたんだろう？」と考えたら、理由は3つあることに気付いたんです。

1つめの理由は、AKB48のことが本当に大好きになったからです。

私自身がAKB48にハマってしまった、いちファンなんです。好きだからこそ、好きなものを守りたい。好きなものを、もっと良くしたい。

だから私は、このグループをもっともっと良くするために、自分には何ができるのかを模索し続けてきました。

2つめの理由は、ファンの方を悲しませたくなかったからです。

「ＡＫＢ48のたかみな」が好きで応援してくださっている方に対して、私が「卒業」という選択をするのはまだ早いんじゃないかとずっと思っていました。

でも、歌手として２０１３年にソロデビューもさせていただきました。今なら「高橋みなみ」個人の活動でも、ファンの人を笑顔にすることができるんじゃないか。まだまだ自分に自信はないけれど、ファンのみなさんとの信頼関係には、自信を抱くことができたんです。

そして、３つめの理由。

私には才能がないから、ＡＫＢ48に10年間いたんだと思います。

自分に才能があったなら、もっと早くに卒業していたかもしれません。前田敦子《まえだあつこ》や大島優子《おおしまゆうこ》など、グループの「センター」を務めていた、カリスマ性もあって才能もあるメンバーは、私より先に卒業していきました。今、彼女たちは芸能界の第一線で活躍して、「グループを卒業してから、ソロになって輝く」という未来を私たちに見せてくれています。当然だと思います。彼女たちは外の世界で戦っていける武器を、私よりもずっと早く磨き上げていたからです。

10年活動してきた今、確信していることがあります。

私のような凡人が認められるには、頑張るしかない。

近道なんてないんです。時間をかけて、ゆっくりと一歩ずつ、自分の道を踏みしめていくしかない。

私は何でもできるタイプではないんです。ダンスだってもともと劣等生だし、歌だってそれほどうまくない。トークで必ず面白いことを言えるかというと、決してそんなことはない。

自分に自信がないからこそ、努力するんです。周りに少しでも追いつくため、自分が掲げる「理想の自分」に近づくために。

そうやって10年間、凡人なりにもがき続けてきました。近道はできなかったぶん、その途中で見えた景色がたくさんありました。人からは寄り道だったねと言われるかもしれないけれど、もがきながら、努力しながら見たその景色は今、私にとって大きな財産です。

そんな自分だからこそ、伝えられることがあるのかもしれない。

自分の選んだ道が正しいのかどうか、不安になっている人はたくさんいると思います。将来どんな道に進もうか、悩んでいる人はたくさんいると思うんです。

そんな人たちが、ちょっとだけ立ち止まって、考えて、一歩を踏み出してみるきっかけに、この本がなればいいな、と心から願っています。

目次

第六章　努力論

劇場公演やライブが始まる前には円陣。メンバーを集めて声を出すのが、リーダーの仕事。

第一章　リーダーの仕事

まず初めに、私がリーダーとして活動してきたアイドルグループ、ＡＫＢ48（エーケービーフォーティエイト）の説明をさせてください。

ＡＫＢ48は、「会いにいけるアイドル」をコンセプトに2005年に結成されました。メンバーは定期的に開催されるメンバーオーディション等で選ばれます。

活動拠点は、東京・秋葉原のドン・キホーテ8階にある「ＡＫＢ48劇場」。総合プロデューサーは、秋元康《あきもとやすし》先生です。公演曲やシングル曲などの、膨大な楽曲の作詞も手掛けてくださっています。

劇場公演の他に、コンサートやイベント、新曲発売ごとに開催される握手会などで、ファンのみなさんと交流しています。

ＡＫＢ48の名前の由来ですが、活動拠点のAKihaBaraからＡＫＢを取っています。48は秋元先生の「無機質な商品開発番号のようなイメージ」からだそうです。

ちなみに私は1991年4月8日生まれ。身長は148・5センチ。何かと48に縁があります。余談ですが（笑）。

ＡＫＢ48は、メンバーの数が増えるにつれて、チームの数も増えていきました。現在はチームＡ、チームＫ、チームＢ、チーム４、チーム８に分かれています。それプラス、正規メンバーへの昇格を目指して活動する「研究生」という制度もあります。２０１５年現在、ＡＫＢ48だけで10代前半から20代後半まで１００人を超えるメンバーが在籍しています。よく、「ＡＫＢ48は48人組なの？」と聞かれますが、もっとたくさんのメンバーがいるんです。劇場ではチームごとに日替わりで、ほぼ毎日公演が行われています。

私は中学2年生、14歳のときに第1期メンバーオーディションに合格しました。いわゆる「オリメン」（オリジナルメンバー）です。２００５年12月８日、ＡＫＢ48劇場での正真正銘の「初日」のステージにも立たせてもらいました。その時のお客さんの数は、７人でした。ありがたいことに今では、定員２５０名が毎回満員になっています。

２００８年夏に、初めての姉妹グループ・ＳＫＥ48が誕生しました。名古屋市中区の栄《さかえ》にある専用劇場を拠点とするグループです。その後、大阪市の難波《なんば》を拠点とするＮＭＢ48（２０１０年秋）、福岡市の博多《はかた》を拠点に活動するＨＫＴ48（２０１１年秋）、新潟市を拠点とするＮＧＴ48（２０１５年夏）が誕生しました。国外では、インドネシアのジャカルタにＪＫＴ48（２０１１年秋）、中国・上海にＳＮＨ48（２０１２年秋）。全部のグループを総称して、「ＡＫＢ48グループ」と呼ばれています。ＡＫＢ48グループには現在、国内だけで３００名以上、海外も含めると５００名以上のメンバーが在籍しています。

総監督は「つなぐ人」

２００９年夏から、ＡＫＢ48ではキャプテン制が敷かれることになりました。各チームに、キャプテン（のちに副キャプテンも）という肩書を持つメンバーを設けることになったんです。私は、チームＡの初代キャプテンになりました。

そして２０１２年の夏、新しい肩書が誕生しました。「ＡＫＢ48グループ総監督」。通称「総監督」です。私が任命されることになったんですが……いったい何をする人なの？　スタッフさんたちに聞いても、誰も答えが分かりませんでした。

とにかく、やってみる。やってみた後で、考える。48グループの基本は「走りながら考える」なんです。「総監督」という役職も同じでした。だから私も、自分なりに試行錯誤して、行動しながら、考えるしかありませんでした。

まず、総監督は基本的に、300名を超えるメンバーをまとめる「現場監督」です。AKB48グループが集結する大規模なコンサートなどで、ステージに出る前にメンバーを集めて、気持ちをひとつにまとめます。

総監督は、メンバーの「代表者」でもあります。メンバーのいろいろな意見を集約して、総合プロデューサーの秋元先生やスタッフさんたちに伝えます。

と同時に、秋元先生やスタッフさんたちの意見を、メンバーに分かりやすく伝える「伝達係」でもあります。私たちメンバーはあくまでも、課題を渡される側です。サプライズを受ける側。スタッフさんたちの突然の提案に、「なぜ?」とびっくりしてしまうことも多いんです。そこで反発や誤解が起こらないよう、スタッフさんたちの話をしっかり聞いて、思いを受け取って、メンバーに伝えます。

メンバー同士をつなぎ、メンバーとスタッフをつなぐ。私なりに考えた結論としては、総監督は、「つなぐ人」です。

リーダーの5つの仕事

私はチームAの「キャプテン」、そして48グループの「総監督」という肩書をいただき、これまで活動してきました。より分かりやすく、一般的な言葉を使うなら、「リーダー」としての活動です。

さて、いよいよ本題です。

「リーダーの仕事ってなんなんだろう？」と、自分がこれまでしてきた活動を振り返った結果、5つの項目（段階）に分けることができるのではないか、と思うようになりました。この本では、5つの項目について順を追ってお話ししていこうと思っています。ざっくり言うと、こんな感じです。

メンバーのことを理解する

AKB48にはたくさんのメンバーがいて、ひとりひとりに特別な個性があります。得意な分野や将来の夢、悩んでいることなどもひとそれぞれです。まずはメンバーたちと向き合って、きちんとひとりひとりのことを理解すること、信頼関係を築くことが大切だと思います。

その前提がないと、どんな注意の言葉もアドバイスも、相手の心に響かないからです。

メンバーひとりひとりと信頼関係を築くためのコミュニケーション方法、悩み相談の乗り方、叱る時に注意することなどをお話しします。

ほぐして、つなぐ

女の子は、小さな集団を作りがちな生き物です。その小さな集団のことを、私は〝ダマ〟と呼んでいるのですが、この〝ダマ〟がチームの一体感を邪魔する原因になると思います。

メンバーの個々の力をひとつの方向にまとめるためには、チームの中にある〝ダマ〟を取って、ほぐして大きな丸を作る必要があるんです。

チーム力を高めるためのコミュニケーション方法、リーダーとしてのバランス感覚などについて考えていきたいと思います。

導く

私にとって、みんなの気持ちを導く（リードする）手段のひとつが、スピーチです。ＡＫＢ48の活動では、総選挙でのスピーチやコンサートの締めのコメントなど、喋ってまとめる機会がたくさんありました。

もともと話すのが苦手でスベリキャラの私が、どうやってスピーチできるようになったのか。太文字になる言葉をイメージする、〝声のトーン〟で聞くテンションを作り出す……など、私なりの「スピーチ七ヵ条」とともに、説明します。

手本を示す

誰かを叱らなければならない時はまず、自分がちゃんとできていなければいけない。夢を語る時も、キレイ事だけをただ連ねても、誰もついてきてくれません。努力と行動が伴っていなければいけない。絶対にブレたらダメなんです。メンバーの手本になれるよう、私が普段から心がけていることをお話しします。

任せる

リーダーの最後の仕事とも言えるのが、「任せる」ことです。

「自分でやったほうが早い」と思うこともありますが、グループ全体のことを考えれば、後輩たちに任せて、育てていくべきなんだと、ここ2〜3年で意識するようになりました。「任せる」ことの意義や難しさについてお話ししつつ、自分が卒業したあとのAKB48について考えてみました。

リーダーでなくても、会社や学校、部活など誰もがなんらかのチームに所属しているメンバーですよね。メンバーである自分はチームを良くするために何をすべきなのか、他のメンバーとどうコミュニケーションを取ったらいいのか。5つの項目を自分自身に当てはめて考えてみることで、現状を打破するきっかけになったらいいなと思います。

AKB48の第1期オーディションにて。当時14歳。その顔には未来への不安と、あどけなさが残る。

第二章　劣等生でもリーダーになれる

リーダーの5つの仕事について詳しい話をする前に、AKB48というグループの中で、私がリーダーという立場になるまでの話をさせてください。

この本を読んでくださっている方の中には、職場や学校で、リーダー的な立場ではないという人も多いと思います。自分の所属しているチームを本当は引っ張っていきたい。そう思っているけれど、自分はリーダーになんて向いていない、と決めつけているかもしれない。

でも、誰でも変わることができる。まずは、そのお話をさせてください。

女子3人グループにしがみついていた小学生時代

私は小さい頃、人についていくタイプでした。周りの顔色ばかりうかがって生きていた。

小学校低学年の頃は女の子3人の小さなグループに入っていたんですが、自分の意見を言い出せなかったことをよく覚えています。例えば放課後に教室でおしゃべりをしている時、本当は早く家へ帰って観たいテレビ番組があるのに、他の2人に「帰ろう」と言えないんです。

うちの小学校は、各学年にクラスがひとつしかなかったので、6年間変わることのないメンツという状況でした。この3人グループから離れると、学校の中でひとりぼっちになってしまう。グループの中でも、「2対1」の「1」に自分がなってしまっていることは知りながら、その関係にしがみついて学校生活を送っていました。

変化をもたらした転校生

小学4年生の時、青森から転校生が来ました。その子は暗い雰囲気で、体は大きいのに、ずっと下を向いて何かを描いていて。「ぜったい友達になれない」と思っていました。今以上に人見知りだった私が、そんな彼女に声をかけたきっかけは、漫画の『最遊記』(峰倉かずや・著)です。

休み時間に彼女が、ノートに絵を描いていたんです。「私の好きな『最遊記』のキャラクター、むっちゃうまく描いている!」と衝撃を受けて、私から声をかけました。「絵、上手だね」「ありがとう」それが最初の会話でした。「何で喋んないの?」

と聞いたら、津軽弁が強すぎて恥ずかしい、と。でも、喋ってみたらすごく明るくて、楽しくて、すぐに仲良くなって。ファンの方ならご存知かもしれませんが、彼女が小中学校時代の親友、まっちゃんです。

私とまっちゃんが仲良くなった後、もともと仲の良かった2人と4人組になったんですが、ちょっとしたいざこざがあった時に離れました。まっちゃんと2人組になってからは、ずっと一緒でした。「私、この部活入るから、みなみも入るでしょ?」「入るよ〜」。「私、部長やるわ。みなみは副部長で」「分かった〜」。

中学校はサボりがちで、毎日遊んでいましたね。朝はよく遅れて学校に行っていたし、金髪でちょいヤンキー。アニメイトやゲームセンターに行ったり、カラオケは7時間コースでした。

初めて自分に自信をくれた言葉

その頃、親のすすめで芸能事務所のオーディションを受けるようになっていました。親が勝手に応募して、親に連れられてオーディション会場へイヤイヤ足を運ぶ日々です。親が言うには、「みなみはかわいい。みなみは歌がうまい」。

そんなの、絶対ウソじゃんと思っていたんです。でも、ある日まっちゃんとカラオケへ行った時に、「歌、うまいじゃん」と言ってもらえたんです。私はまっちゃんは本当に歌がうまいと思っていたので、彼女にそう言われたことで、「ああ、私、歌っていいんだ」と思うことができて……。初めて自信を持つことができたきっかけでした。たぶん、あの頃の私は自分を変えたかったんだと思います。10年経った今思うのは、私は「夢に向かって頑張る自分」が好きなんですよ。「頑張らない自分」は好きじゃないんです。

そこからは自分の意志です。いろんなオーディションを受けては落ち、受けては落ちを繰り返し、最後のチャンスだと思って受けたAKB48のオープニングメンバー（第1期）オーディションで、合格することができました。アイドルになるつもりはなかったんです。歌手になるためのステップのつもりで、AKB48に入りました。

究極のダンス劣等生

ＡＫＢ48に入ったばかりの頃の私は、グループの中で最底辺の存在でした。そのことがよく分かるエピソードをひとつ、恥ずかしいですがお話しします。

歌手になりたかった私は、カラオケで歌の練習をしたりはしていたものの、ダンスは人生で一度もまともにしたことがなかったんです。

オーディションの時からまったく踊れませんでしたし、課題で出された振りが覚えられませんでした。当時はスキップすらまともにできないほどだったんです。後で聞いた話なんですが、「ひとりだけ群を抜いて下手だった」と、最終審査の審査員の方々の間で、ざわついたくらいだったそうです。

合格後の1ヵ月は、地獄でした。1ヵ月の間に、13曲の振りを完璧に覚えなければならない。当時ＡＫＢ48を指導してくださっていた振付家の夏《なつ》まゆみ先生はスパルタで、みんな毎日怒られていました。ある日、夏先生が練習を止めて、私のほうをちらりと見て言いました。「踊れていない子がいるから、振りを変えます」。私があまりにヘタクソなせいで、チーム全体の振りが簡単なものに変えられたんです。ショックでした。心が折れかけた。

その瞬間から、それまで以上に毎日、必死で練習をしました。家に帰ってからも、振り付けを録画したDVDを見て、朝まで自主練。あれほどひとつのことに熱中した経験は、それまでの人生ではなかったと思います。すごく悩んだし苦しかったんですけど、でも、「私はこういう日々を求めていたんだ」とも思いました。

それから1年くらいたった頃かな、夏先生がレッスン中、私のほうを見て言いました。「なんでみんな、高橋みたいに踊れないんだ!」。嬉しかった思い出です。

憧れていたリーダーの姿

2005年12月8日、劇場公演初日の舞台に立った第1期メンバーは、20人でした。女の子って、小さい集団を作る生き物です。楽屋などでは年齢が近い子と一緒に過ごすようになって、当時はざっくり言うと、年少組と年長組とに分かれていました。年少組は当時中学生だった私、前田敦子、峯岸《みねぎし》みなみ、板野友美《いたのともみ》などです。そして年長組にいたひとりが、あゆ姉《ねえ》(折井《おりい》あゆみ)でした。

第2期オーディションで新しいメンバーが入ってきた時に、私たち1期生は「チームA」という名前を与えられました。2期生は「チームK」となり、第3期オーディションの合格メンバーは「チームB」に。AKB48は当初、チーム同士の競争心がすごく激しかったんです。ファンのみなさんに、より自分たちのチームを強くアピールするためには、チームの団結力が必須になりました。

そんななかで、いつの頃からか、チームAはあゆ姉がリーダー的存在となり、みんなを引っ張っていってくれるようになりました。年少組のことを優しく気にかけてくれる、6歳上のあゆ姉のことが私は大好きで。あゆ姉が「やるよ！」と言ったら「はーい」と、ついていった。若い子たちを率いて、「みんなで頑張ろうね」ってまとめてくれる姿がすごく大人に見えていました。私にとって憧れの存在だったんです。

初めての円陣、初めてのかけ声

その憧れの人が、グループを卒業してしまうことになりました。２００７年1月25日、「チームA 3rd公演『誰かのために』」千秋楽のことです。泣きました。でも、すぐ前を向かなければならなかった。その1ヵ月後、2007年2月25日から「チームA 4th公演『ただいま恋愛中』」が始まることになっていたからです。

たしか、4th公演初日の開演直前だったと思います。AKB48グループは、それぞれのチームがステージに出る前にみんなで円陣を組んで、かけ声をかけるしきたりがあります。あの頃のチームAのかけ声は、「（せーの）冷静丁寧正確に。AKB48！」。まず最初に公演にあたっての何か一言と、口火を切る「せーの」を言う係はそれまでずっと、あゆ姉でした。「これからは、誰がやる？」という話になったんです。

声をかけてくれたのは、年長組の、戸島花《とじまはな》ちゃんでした。「たかみなはあゆ姉のこと、好きだったよね。円陣のかけ声、代わりにやってみなよ」と言われたんです。「私でいいんですか⁉」と思いつつ、憧れだったあゆ姉の代わりになれることが嬉しくて、思い切って言ってみたら……気持ちよかった。

でも、円陣のかけ声だけではあゆ姉の代わりにはなれない。あゆ姉はみんなに「行こう！」とか「やろう！」と気を配っていたぞ。そうか、みんなを引っ張るリーダーが、このチームにはいなくなってしまったんだ。だったら、私がやってみようかな。

「嫌われない年下」を目指す

チームの中でも年齢が下のほうだったので、そんな自分が突然「引っ張ります！」と言い出しても、いきなりうまくいくはずがありません。

そもそもチームは年少組と年長組でなんとなくグループを作って分かれていたので、微妙な溝があったんです。その溝を飛び越えて、年上のお姉さんたちに自分の言葉を聞いてもらうためには、一工夫が必要だなと思いました。そこで考えたのは、かわいがってもらうしかないんじゃないか、と。

苦手なダンスは人よりもたくさん練習したり、楽屋の掃除をきちんとしたり、日頃の生活ひとつひとつをちゃんとするよう心がけました。年下の子が一生懸命頑張っている姿をかわいく思ったり、応援したくなるような気持ちって、誰にでもあるものじゃないですか。

だからといって、媚びはしなかったです。媚びずに、とにかく嫌われない年下でいようというスタンスで行動するようにしました。

人間関係の計算式を解く

コミュニケーションの仕方も意識的に変えていきました。例えば、楽屋に入った時に全体ではなく、その人に向けて挨拶をする。ひとりひとりに「おはようございます」と言いに行って、「おはよう、たかみな」という言葉をもらう。リハーサルの時には「ここの振りが分からないんです」と、同世代ではなく、あえて年上の人に聞きに行って教えてもらうようにしました。

その結果、私がチームの中でリーダー的な役割を果たす時も、「たかみな、頑張れ〜」という感じで見守ってもらえるようになりました。そして、徐々に徐々に、チームを引っ張ってまとまりを作っていくことの楽しさ、達成感や充実感に魅了されていったんです。

あの頃は、ずっと計算式を解いていた感覚です。「あそことあそこがケンカしてる」「あそことあそこは仲がいいんだ」という様子を楽屋の中でじっと見つめながら、どうやったらみんな仲良くひとつにまとまっていけるのかを考えて、自分にできることがあれば行動に移していた。ある意味、自己満足のためだったと思うんです。みんなの仲が良かったら、自分も楽しいから。

「前田敦子」にはなれなかった

憧れていたあゆ姉みたいになりたかったから。みんなの仲がいい、いいチームを作りたかったから……。その理由だけで、リーダーの位置に就こうとしたわけではなかったな、と今なら分かります。

前田敦子という存在の影響が大きかったんです。

敦子は同期であり無二の親友です。ずっと側にいて支え合う存在でした。AKB48にいる間、誰よりも身近に彼女のことを見ていたからこそ、私は前田敦子にはなれないと気付いてしまった。それが、私がリーダーになったもうひとつのきっかけでした。

実は、私はAKB48の最初のインディーズシングル『桜の花びらたち』（2006年2月1日発売）で、単独のセンターポジションをもらっていました。次の『スカート、ひらり』（2006年6月7日発売）では、敦子とのW《ダブル》センターでした。劇場公演でも、敦子と〝ニコイチ〟でステージに立つことが多かったので、きっとこれからもセンターは〝あつみな〟でいくんだと勝手に思っていた。

　でも、メジャー・デビューシングル『会いたかった』（２００６年10月25日発売）のＰＶでは敦子が大きくフィーチャーされ、その後、次第に「ＡＫＢ48のセンターと言えば前田敦子」というイメージが固まっていきました。敦子本人はセンターというポジションを望んでいたわけではないけれど、そこで独自の輝きを放っていった。私も、子供心に分かりました。「私が敦子のいるポジションになることは、もうないんだろうな」と。

　センターを外されたことで、徐々にいろんな位置に行かされるようになりました。このグループにとって確実に必要な人じゃなければ、他にはない個性を輝かせていなければ、ポジションは下がる一方だ。そう気付きました。

　私はとびきりかわいいわけでも、とびきり歌がうまいわけでもない。私ってこのグループにとってどんな存在なんだろう、どんなキャラクターの持ち主なんだろうと向き合い始めた。そんな時に、たまたま空いていたリーダーという枠に自分の居場所を見出したんです。

自分の人生の主人公になるために

今振り返ってみれば、『桜の花びらたち』で単独のセンターポジションをもらった時、あの時にステージで光り輝いていたら、人生が違ったかもなとは思います。だけどあの頃の私はうまく歌えず踊れず、輝けず、ステージを楽しむという気持ちも抱けず、ただ、いっぱいいっぱいでした。当時の私は、1個目の大きなチャンスを逃してしまっていたんです。

もしかしたら私は、本当は、前田敦子になりたかったのかもしれない。でも、なれなかった。なれないんだって、気付いてしまった。

その挫折が、私にとって新しいスタートの合図でした。

私は、誰もが自分の人生の主人公であるべきだと思うんです。でも、すべての人生が、「センターという主人公」の物語ではありません。私が主人公になれるのは、別の物語だったんです。次にどの物語を選ぶかという時に、私が選んだのは「リーダーという主人公」の物語だったんです。

リーダーはカリスマじゃなくていい

たまに「たかみなさんって、カリスマ性がありますよね」と言ってくれるメンバーがいますが、まったくそんなことはないんです。リーダーという「キャラ」を選んだ以上、その道をまっとうするために、自分なりに学んだり模索したりしてきただけなんです。

自分には向いていたんだろうな、とは思います。なぜなら、リーダーとは何なのか、より良いリーダーになるためにはどうしたらいいかを学んだり模索したりすることは、苦しい時もあるけれど、やり続けたいと思えることだったからです。「無理せずやり続けたいと思える」ことは、「向いている」ということなのかな、と。

何が言いたいかというと、リーダーになる人に、「生まれながらのカリスマ性」は必要ないということです。チームのことが好きで、みんなを引っ張りたい、という強い気持ちがあればいい。その気持ちを、ちゃんと行動に移せばいい。だから――。

誰でもリーダーになれる。

時にはレッスンを中断し、チームミーティング。ひとりひとりの心情を理解しながら話す。

第三章　ひとりひとりの理解者になる

――たかみな流コミュニケーション術 基礎編

リーダーの仕事の中でも、大部分を占めているのがチームのメンバーひとりひとりとのコミュニケーションです。

個人との信頼関係の積み重ねが、リーダーにとって大切で、いいチームを作り上げることにもつながっている。これは、リーダーに限らずメンバー同士の関係性にも応用できることだと思います。いかに個と個として向き合っていけるかが、チーム全体のパフォーマンスを高めることにもつながっているんです。

この章では、私がメンバー個人とどのように向き合い、コミュニケーションしているかをお話ししていきます。

「ひとりひとり」が集まって「みんな」になる

チームのメンバーにとって、いいリーダーとは、どういう人か。それは、「自分のために」何かしてくれる人だと思います。「チームのために」頑張ってくれる姿ももちろん立派ですが、それって結局、他人事になっちゃうんですよね。「自分のために」頑張ってくれているんだ、「自分を見てくれているんだ」という信頼感がないと、いいリーダーとは思われないんじゃないでしょうか。

例えば新入社員に、社長が朝礼でいいことを言ってたとしても、「あー、なるほどなー」ぐらいで終わってしまうかもしれない。だけど、もしも社長が「ご飯一緒に行こうか」「悩みあるのか?」とピンポイントで声をかけてきてくれたりして、「社長はいい人だ」という認識がその新入社員の中にあったとしたら、「すごくいい話だな!」と心に刺さるし、みんなに向かって話している言葉なのに、自分に向かって話しているように聞こえると思うんです。

リーダーは、メンバー個人に対して「この人は信頼できるな」と思われる関係性を1個ずつ作っていかないといけない。日頃から、「私は君のことを見てるんだよ」という認識を、ひとりひとりにちょっとずつ植え付けておかないといけない。

その人がいいことをしたならば、誰よりも早く褒めてあげたいです。でも、もしもダメなところを見つけたら、その子といい関係性を築いてから、「ここはこうしたほうがいいんじゃない?」と伝えるようにしています。その前段階で言ったら、「なんでこの人に言われなきゃいけないんだ」と反発されて終わってしまう。「この人が言うなら、正しいんだろうな」と聞いてもらえる関係性を日頃から作っておかなければ、伝わるものも伝わらないんです。

悩んだり不安で押しつぶされそうになった時、この人に頼ればいい、きっと助けてくれると感じられる関係性がひとつでもあれば、頑張れる理由になるんじゃないかとも思います。逆に私のほうからどうしても頼み事をしなければいけなくなった時に、受け入れてもらえる理由にもなる。

ひとりひとりといい関係性を築くためには、時間も気力も必要です。でも、「ひとりひとり」が集まることで、「みんな」になる。ひとりひとりとの関係性が良くなければ、みんなとの関係性も良いものにはならないんです。

ヘラヘラしてコミュニケーションの壁を低くする

ひとりひとりとの関係性を築くためには、肩書が邪魔になることがあります。「キャプテン」「総監督」。もしも私がAKB48に入ったばかりのメンバーだったら、そんな肩書の人に声をかける勇気はないかもしれません。

もうひとつ垣根ができちゃっているなと思うのは、AKB48のドキュメンタリー映画の印象で、「怖い人」と思われがちだということです。メガホンを持って、「お前らたるんでるぞ！」と巻き舌で……。私がまだまだ〝尖っていた〟頃の映像が、年下の世代にとって最初に観たAKB48の映像だったりするんですよ。年下の世代から「たかみなさんは絶対怖い人だと思っていました」と言われた時、ショックすぎてより一層、壁を低くしようと意識するようになりました。

楽屋では、なるべくヘラヘラしています。私からふざけたことを言って、年下の子たちになるべくちょっかいを出すようにする。私に対して、年下の子たちも言葉を発しやすい環境を作りたいなと思っているんです。

そういう時に役立つのが、エセ関西弁ですね。使い始めたきっかけは単純で、「関西弁ってかわいいな」と思ってマネし始めたら、癖になっちゃって普段からどんどん出るようになってきたんです。私の関西弁は、発音のうさんくささも合わさって、「この人は、イジってもいい人なんだ」と思ってもらえるみたいです。ただし、叱る時は絶対に標準語です。普段は関西弁を盛り込んでいるおかげで、私が標準語で話し出すと「モードチェンジした」という感じになる。ちょっと空気が変わる、そんな効果もあるようです。

相手の名前を呼んで距離を縮める

組織の人数が多くなってくると、どうしてもひとりひとりとの関係の濃さは薄まってしまいます。AKB48の場合、チーム=学校のクラスみたいなものですから、自分の所属するチーム以外の新しく入ってきたメンバーとは、なかなか会う機会がないというのが正直なところです。

だからこそ、ちゃんと相手の名前を呼ぶことは、「私はあなたのことを知っています、気にかけています」というシグナルになります。「私のこと覚えていてくれたんだ！」ということだけで、ワンポイントがゲットできる。

例えば、あるメンバーがダンスの立ち位置を間違っていて声をかけたい時に、「ねえねえ」という呼び方になってしまうと、相手の聞く耳がちょっと弱まっちゃうと思うんです。「○○ちゃん」と名前を呼んでから「立ち位置がね」と言葉をつなげると、コミュニケーションがスムーズになる。挨拶をする時も、ただの「おはよう」ではなく、「〇〇ちゃん、おはよう」と名前を付けることで、さらに距離が縮まるという効果もあります。

名前プラス、ワンポイントを覚えておけるとなお良いです。私の場合、「あの子、誰だ?」と思った瞬間、すぐ調べます。「こんなニックネームなんだ。これが得意な子か」という知識をいくつか入れておけば、次に会った時、こちらから声をかけるきっかけにもなります。

新しく入ったメンバーに対してだけでなく、新しく入ったスタッフさんの名前もなるべく早く覚えて、名前を呼ぶようにしています。車輌のドライバーさんや音響さんなど、スタッフさんと仲良くなると、不思議と現場が回るんですよね。

特に、新しく入ってきたマネージャーさんのことは、できるだけ早く名前を呼んで、相手のことを理解して、いい関係性を築けるようにしています。それプラス、簡単な情報をキャッチしておく。出身はどこどこで、前はどこで働いていた、学生時代の部活は……と。エレベーターなどで一緒になった時に、そういった情報をもとに、こちらから話しかけるようにしています。

個性の強いメンバーたちと一緒にいるのって、大変だと思うんです。メンバーはもちろん、スタッフさんにも辞めてほしくないんですよ。私が名前をちゃんと呼ぶことで、自分には理解者がいるんだと感じてもらえたなら、辞めない理由のひとつになるかもしれないですよね。

「ありがとう」を口癖にする

私はどの年代に対しても、どんな小さなことでも、「ありがとう」と必ず言うようにしています。

「ありがとう」、もしくは「ごめんね」という感情表現を、相手の目を見てしっかり伝えることで、関係性に熱が通って、柔らかなものになると思うんです。

疲れていると、人のことを考える余裕がなくなり当たりも強くなって、そういう言葉が出づらくなります。解決策としては、「ありがとう」や「ごめんね」を普段から口癖にしておく。この二つの言葉に関しては、言いすぎるぐらいでもいいと思うんです。

メンバー同士で称え合ったり、ポジティブな言葉を言い合っているチームは、必ず強くなると思います。

リーダーに限らず、「ありがとう」を口癖にしてほしいです。

メンバーのグチは問題解決のヒント

自分のグチはあんまり言いません。でも、人のグチを聞くのは大好きです。人と話をする時は、どんどんグチってもらうようにしています。

グチの中には、その人を理解するための情報がたくさん入っていると思うんです。ひとりひとりとの関係性を築くためにも重宝しますし、「この子はあの子に対してモヤモヤしてるんだ」「でも、あの子はこう思ってるって前に聞いたぞ」というふうにグチとグチを突き合わせていくことで、絡まってしまった人間関係をほどいてあげることもできる。

私もそうなんですが、グチを言うのが苦手な子もいるんですよ。自分の気持ちを溜め込んで、できるだけ弱みを見せないでいたいという子もいる。そういう子が心配だなと私が思うのは、いきなり感情を爆発させてしまうことなんです。ある瞬間に突然、極端な選択肢に飛びついてしまうこともある。だからこそ、私の前にいる時ぐらいは、なるべくグチってほしいなと思うんです。

ただ、たくさんの人がいる前で、私と二人きりで喋っていると、ちょっとしたプライベートな相談ごとでも「何か大きな事件があったんじゃないか？」と周囲は思ってしまうかもしれません。ヘンに邪推されないように、メールや電話で話をしたり、ケースバイケースで対応しています。

若手メンバーに分かってほしいなと思うのは、小さなグチを、SNSとかネットで言ったってしょうがないってことです。探せば必ず、自分のグチを聞いてくれる人はいるし、分かってくれている人はいる。実状をちゃんと知らない人に話しかけても、誤解を招くか、不安を抱かせるだけだからダメ！

一度でいいから、「本音」を聞く

「グチ」は、言い方を変えると、「本音」です。

例えば、ぱるる（島崎遥香《しまざきはるか》）。今でこそ「塩対応」がキャラとして認められているし、彼女の根っこにある真面目さも理解してもらえつつあると思いますが、最初の頃は誤解されることが多かった。なぜかというと、本音を伝えるのが苦手な子だったからです。本音以外の部分だけが、周囲に伝わっていってしまった結果、誤解が生じてしまった。

彼女のことを理解したい、心を開いてもらいたい、と思いました。そこで私がまずしたことは、現場に入ったら私のほうから近づいていって、「おはよう、ぱるる」と目を見て挨拶すること。「私はあなたのことを気にかけているよ」というシグナルを、挨拶を通して毎日送り続けました。次に、小嶋《こじま》（陽菜《はるな》）さんとぱるるが仲が良かったので、私は小嶋さんに近づいていく感じで、ぱるるを巻き込んだ3人でおしゃべりするようにしました。小嶋さんと私との会話を見ることで、ぱるるは「たかみなさんは、イジっても大丈夫な人なんだ」と警戒心を少し解いてくれたみたいなんです。

しばらく経ったところで、ぱるるのほうから「たかみなさんと、二人でご飯に行きたいです」と声をかけてくれました。彼女の中にある本音を、そこでがっつり聞かせてもらいました。そういう機会が一度でも持てれば、その後の関係はもう、大丈夫です。

私が卒業発表をした2014年12月、ぱるるから長い長いメールが届きました。そこには、これからのAKB48の未来に対する本音が書かれていました。一生懸命、時間をかけて私のためにこの文章を書いてくれたんだなと思って、嬉しくて……。彼女と一対一の、なんでも言い合える関係性を築いておくことができて、本当に良かったと思えた出来事でした。

「大丈夫センサー」で変化に気付く

一対一の関係性を築けたなら、その子の「変化」に気が付けるようになります。

私が仕事の現場に入ってまずすることは、メンバーのみんなのコンディションの把握です。

女の子は、気分の波が激しいです。「今日は大丈夫だ」「今日はダメだ」という気分のバロメーターが、毎日まったく違います。

基本、挨拶した時のテンションで分かりますよ。分かりやすい例で言うと、「おはよう」と言えばいつも「おはようございます」と返してくれていた子が、お辞儀だけだったら、気分が落ちているシグナルです。いつも元気な子なのに誰とも群れていなかったり、鏡に向かってイヤホンをつけて座っていたり。

気持ちの変化に気付いた後の、第2段階としては、「大丈夫？」と声をかけるかどうかを決めます。その子が「話を聞いてほしい」「気付いてほしい」と思っているのか、「今は触れないで」「今はそっとしておいて」と思っているのか。手持ちの情報だけでは判断し切れないと思ったら、周りの子に「何かあったのかな？」とリサーチをかけてみたりもします。

誰が見ても、どう考えても沈んでいる子がいる。その理由が誰も分からないという場合は、「大丈夫?」と声をかけるしかありません。その子がその状態のまま楽屋からステージに上がって、突然感情が溢れ出してしまったら、メンバーもお客さんもびっくりしてしまいますから。

以前、こんなことがありました。普段は明るいあるメンバーが、仕事場で明らかに沈んだ様子だったんです。心配になって声をかけると、大好きなおじいさんを亡くしてしまったと。その時は、とにかく彼女の思いを聞いて、励ましました。一度思いを吐き出したことで、彼女も落ち着きを取り戻し、無事にその日のステージを終えることができました。

すごく難しい判断なんです。「大丈夫？」と口にして、心に触れてしまったなら、その人とガツンと関わらなきゃいけない。関わることって労力を使うし、私は人の感情に揺さぶられやすいタイプなので、のちのちまで引きずってしまうことも多いです。でも、「大丈夫？」という一言が、相手の心を軽くすることもできる。

悩んでいる子は、目立つ場所にはいなかったりします。楽屋の隅っこで、ひとりでふさぎこんでいる。そんな自分のことを気付いてくれたというだけでも、その子にとっては嬉しいと思うんですよ。昔の私が、そうでしたから。「邪魔だよ」って思われてしまう怖さもあるけど、言うか言わないかで迷ったら、言う！

アドバイスとは、選択肢を増やすこと

立場上、悩みを相談されることが多いです。

私が昔悩んだことと似ているなと思ったら、「私はこうだったんだよね」と自分の実例を言います。「こうしたほうがいいよ」という言い方は、絶対にしないようにしています。

関係性がフラットならいいんですが、先輩やリーダー的存在の人から言われた言葉って、守らなきゃいけないって気持ちになりますよね。「こうしたほうがいいよ」とアドバイスすることは、可能性を広げもするけれど、狭めもする。だから私の姿勢としては、「こういうこともあるんじゃない?」と、選択肢をひとつ増やしてあげる気持ちで応えるようにしています。

勢いだけでひとりで考えていると、とにかく早く問題を解決したいから、一個の答えにしがみついてしまう傾向があると思うんです。そんな時に人から「こういう見方もあるんじゃない?」と言われると、もう一度改めて問題と向き合える、スペース(隙間)ができる。選択肢を増やしてあげること、心のスペースを広げてあげること

が、私が思う「いいアドバイス」です。

悩んでいる子は〝答え〟より〝理解者〟を求めている

女の子は結局、アドバイスが欲しいと言いながらも、自分の話を聞いてほしいだけなんだと思います。自分の理解者を増やしたいんです。だからこそ、悩んでいる子には〝答え〟を示すよりも、〝理解〟を示してあげることが大事なのかな、と。

そのために必要なのは、相手と目線を合わせて、悩みを一緒に共有することだと思います。やっぱり若い頃って、ちっちゃなことで悩むんです。しかも、「これで自分はもう終わりだ」って思いつめるぐらい、死ぬ気でそのちっちゃなことを考えている。そうなっている子に対して、「大人になったら悩まなくなるよ」というアドバイスは、正しいかもしれないけど、逆効果だと思います。

「それ、悩むよねぇ」「私もそういうことあったよ」と同調していって、私はあなたと一緒に考えているよっていう態度を示す。そのことが、その子の人生にとって宝になっていくと思うんです。

もどかしい時もありますよ。手を引っ張って「こっちだよ」とやっちゃいたいこともあるけど、それは違うなって思うから。言い切るのは楽なんです。そこで終わりですから。でも、「こういう道もあるんじゃない?」と示すやり方だと、「結局どっちを選んだんだろう?」というふうにその後のケアまでもう一段階、目をかけてあげる必要が出てくる。

人のグチを聞くことや相談に乗ることは、すごく体力がいるし気力も使います。でも、ひとりひとりとの関係性を築くうえで、一番大切なコミュニケーションでもあるんです。

コミュニケーションの基本は「やまびこ」

相談された時は、強さではなく、弱さを見せることも大事だと思います。人の弱さを知ると自分の弱さも出しやすくなるし、「この人は私にそんな話をしてくれているってことは、信頼してくれてるんだな」と感じてもらえることになる。

メンバーに注意しなければいけない時も、私はまず、自分のできていないところを先に言います。「この間のライブの冒頭で、振りをミスっちゃってさ。気づいた？」と話を振って、相手の気持ちをちょっとくすぐってから「ちょっと気になることがあるんだよね」という話をする。相手のできていないところばかりを一方的に言い放ったら、ムカついちゃって、聞く耳を持ってもらえないと思うんです。

女性社会では見栄の張り合いになりがちですが、そうじゃなくて、弱さの見せ合いっこをすると、最初は恥ずかしいけど、すごく優しくなれるんです。

コミュニケーションの基本は、「やまびこ」だと思います。

例えば怒り心頭なことがあった時、こっちが「このやろう！」と言ったら、相手も「このやろう！」と頭に血がのぼってしまう。冷静に言えば相手も冷静に返してくるから、常に冷静でいようと思っています。

自分の気持ちが、相手に移って、返ってくるんだ。その往復運動を意識していれば、人に優しくありたいと思うし、冷静でありたいと思えるようになるはずです。

ひとりに注意したいことも100人に向かって言う

女の子はプライドが高い生き物です。

男の子同士って、ぶつかっても次の日に握手。「ぶつかったからこそ分かり合えたぜ！」みたいなノリが通用するのかなと思います。でも、女の子って、一度ぶつかると次の日も「は？」みたいな生き物なので、ぶつかり方を工夫しなきゃいけない。プライドも高いし自分なりのこだわりも強いので、そもそも何も言われたくないんです。でも、リーダーとして、言わなければいけない時があります。注意しなければいけない時がある。

そういう時は、グループ全体で円になった状態で、注意をすることが多いです。本当はひとりに言いたいことでも、100人に向かって言うようにしています。

いきなり一対一で注意すると、その子のテンションは下がって冷静に聞いてもらえないかもしれない。それに、その子と同じような失敗や間違いをしている子は他にもいるかもしれない。「もしかして私のことを言っているの？」となるようなラインを狙って注意する言葉を考えます。そして、喋っている時に、本当に注意したいメンバーをチラッと見る。

そうすれば、そのメンバーは「私のことだ」と意識するし、直接は叱られていない人たちも、「あの人はメンバーみんなのことをよく見ている。叱られないようにしよう」と思ってくれるはず。適度な鞭《むち》を入れる感覚ですね。

全体に向かって言うメリットはもうひとつあります。「あのメンバーは、あれがちゃんとできていない」「あのメンバーの生活態度は直したほうがいい」と不満に思っているけれど、直接言えないメンバーがいます。そんなメンバーたちの思いを、私が代弁して注意するんです。すると、注意された当事者は、気持ちをひきしめ、同時に不満に思っていたメンバーの気持ちをやわらげることもできる。メンバー全体のモヤモヤを取りはらうことができるんです。

私自身、たくさん叱られてきたんです。子供心に「怖いな」と思っていた大人が、初期の頃のAKB48にはたくさんいました。私が年を重ねたからこそ、そう思うのかもしれませんが……。でも、叱ってくれる人がいるって、財産です。叱ってくれる人がいないのって、不幸せなんですよ。だからなるべく、私がなろうと思ったんです。

叱る時には逃げ道を作ってあげる

叱る人になることって、得なことはないんです。嫌われる可能性のほうが大きい。

昔の私は、みんなに好かれたいと思っていました。でも、そのやり方ではチームをまとめることができなかった。悩んでいた頃、秋元（康）先生に「たかみな、嫌われる勇気を持ちなさい」と言われました。誰からもいい人だと思われる人は、それはある意味どうでもいい人だ、だったら恐れず自分の意志を曲げずに言ってみればいい――。

その言葉は、今も大きな支えになっています。

ただ「嫌われてもいいんだ」と開き直ってしまうだけでは、ひとりひとりとの関係性の絆も、断たれてしまうことになります。相手の気持ちを考える心遣いが必要です。

特に難しいのは、先ほどの全体に向かって注意する方法では、フォローしきれないようなケースです。滅多にないことですが、そういう時は一対一で注意するしかありません。ただし、その場合は後でケアしてくれる人材を、必ず確保してからするようにしています。

例えば、劇場公演のパフォーマンスに関して、チームの若手メンバーに厳しく注意しなければならない時がありました。そのメンバーのためにも、どうしても一対一で話をする必要があった。その時は、事前に副キャプテンに声をかけておきました。「きっとあの子は落ち込んであなたの所へくると思うから、フォローしてあげてね」と。私が嫌われるのはしょうがないし、怖がられてもしょうがない。でも、その子にとって安全地帯と感じられるような、「逃げ道」はちゃんと作ってあげる。そして、叱った後で、その子がどう変わっていくのかをちゃんと見届ける。叱るならば、そこまでやることが大事だと思うんです。

「キレる」ことと「叱る」ことは違う

ただ自分のマイナスな感情を爆発させるのは、「キレる」です。「キレる」ことと「叱る」ことはまったく違います。「これがダメで、こうだから私は叱るんだよ」と、「どうして叱っているのか?」を冷静に伝えることが、私が思う「叱る」です。

いつか、叱られたことの意味に気が付く時がくるんです。私自身、言われたその時には気付けなかったけれど、2、3年経ってから「あ！」と気付いたことは今までたくさんありました。その瞬間はイヤな気持ちになったとしても、自分のことを思って相手が叱ってくれた言葉は、耳に入れておいたほうが絶対にいい。

仲良しこよしで、その子の「今」を笑顔にするだけでは意味がないです。その子の「未来」を笑顔にするためにどうしたらいいかを考えて、ひとりひとりと向き合い、行動するべきだと思います。

落ち込んでいる時こそ、褒める！

人を褒めることは得意です。人の悪いところよりも、いいところを見つけるのが好きなので、普段からいろんな言葉を口にしていると思います。「髪型変えたんだね」とか、ちっちゃなことに気付いてもらえるのって、それだけで女の子は嬉しいんですよ。

ただ、めちゃくちゃ褒めることはないです。そんな私が、本気で褒める時があります。相手が本当に落ち込んでいる時、自分は無力なんだと思っている時です。本人が何を悩んでいるかを分かったうえで、今まであなたがやってきたことは間違ってない、ちゃんと分かってる人は分かってるよと、褒めてあげる。尊敬の気持ちを持って、讃えてあげる。

例えば、山本彩《やまもとさやか》というメンバーがいます。彼女は歌がうまく、ダンスのスキルもすごく高い。でも『僕たちは戦わない』というAKB48屈指のダンスナンバーで、序列が下がって3列目でパフォーマンスすることになりました。彼女は「自分の持ち味が出せる楽曲なのに……」という思いもあったのか、落ち込んでいました。その時に私は、「やってきたことは間違ってないし、私はさや姉《ねえ》（山本彩）の力をちゃんと分かってるよ」と全力で伝えました。

わざわざウソをつく必要はないんです。本当にその子のことを評価しているんだったら、落ち込んでいる時こそ、その気持ちを正直に伝えてあげればいいんです。

どこかで誰かが傷ついていることを忘れない

人が変わってしまう姿を見るのが、一番悲しいです。

ＡＫＢ48に入って来た頃は元気で、目を輝かせて私に自分の夢を語ってくれたのに、何かひとつのちっちゃなことがきっかけで、心が変わってしまう。ヘンに自分の立ち位置をわきまえはじめて、夢を見ることもなくなってっちゃう子たちって正直、今までいっぱい見てきました。そのまま卒業してしまった子も、たくさんいます。

私が声をかけることで救えたケースもあるとは思いますが、ほんの一部です。救えなかったケースのほうがぜんぜん多い。

元気な子ほど繊細なんです。「大丈夫、大丈夫！」と言っている子ほど、折れる時はゆっくりとではなく、ぽきっといってしまう。その前例を知っているので、なるべく早く「大丈夫？」と声をかけたい。「分かっているよ」と伝えたいんです。「ひとりじゃないよ。少なくとも私は、あなたのことを見ているよ」と。

例えば選抜総選挙の時、テレビに映るのはステージの真ん中です。会場にいる観客のみなさんも、視線はそこに集中していると思います。でも、順位発表が始まってしばらくすると、「自分はもう呼ばれないんだ」と泣き崩れたメンバーが、ステージの袖に倒れ込むようにして下がっていっているんです。

ステージの真ん中で起こる物語にばかり注目していると、袖で起こっている物語に目が行きません。でも、私が勇気を与えるべきなのは、その子たちです。

視野をぎりぎりまで広げ、常にアンテナを張っておく。どこかで誰かが傷ついていることを忘れないようにしたいんです。

これまでに救えなかったメンバーはたくさんいます。そのことを思うと今でも後悔してしまうからこそ、救いたいと思います。メンバーに夢を見続けてもらうことが、私の理想なんです。

リーダーがしてもらって嬉しいこと

みんなが幸せになって、みんながいい気持ちでパフォーマンスできる、そのことが気持ちいいから、リーダーはチームのために頑張ります。

その仕事は決して、楽しいだけのものではないと思うんです。気苦労が多くて体力もいる、地道な行動の積み重ねだと思います。嫌われるような言動も、率先してやっていかなければいけない。

心が折れかかってしまうこともあると思うんです。「どうして自分ばっかりが……」と、悩んでしまうことも多いと思う。「なんのために、自分を犠牲にしてまで頑張っているんだろう？」と。

私の場合、そんな迷いを吹き飛ばしてくれる魔法の言葉が、メンバーからの「ありがとう」です。「誰かのためになっていたんだ」という感触が、自分は間違っていなかったんだ、また頑張ろうという気持ちにさせてくれる。

メンバーからの「ありがとう」の言葉は、何度でも私に回復の力を与えてくれるんです。

チームでひとつのことを成し遂げる喜びは、何物にも代え難いもの。喜びを爆発させる。

第四章　ダマをほぐして、チームをつなぐ

――たかみな流コミュニケーション術 応用編

みんなで何かを成し遂げることとは、個人で戦っている時には絶対得られない、無二の喜びがあります。成功したなら一緒に喜べるし、失敗すらも笑い合える。

頑張っている仲間を見て「私も頑張ろう！」と思える喜びを、私はＡＫＢ48に入るまで知りませんでした。

それまでの私は人見知りで、女の子の集団が苦手。人間関係は面倒くさいし、人とコミュニケーションをとることはなるべく避けたいと思っていたんです。

そんな自分だったからこそ、一歩引いた視点から、チーム作りやチームの中での人間関係について、考えたり試行錯誤することができたのかもしれないとも思います。

この章では、私が考える理想のチーム像、そこで果たすべきリーダーの役割について、お話ししていきたいと思います。

強いチームであるために、「ひとりひとり」であれ

第二章でもお話ししたとおり、私は小学校低学年の頃、女の子3人のグループに入っていました。

個々でそれぞれに思うことがあっても、3人の中で強い立場にいる子が「私はこう思うんだよね」と言ったら、その意見に同調せざるを得なくなってしまう。本当は右へ行きたくても、多数派に合わせて左へ行ってしまう。集団の中に入ることで「個」を失ってしまうことの怖さを知った、原体験です。

実はその当時出会って、今でも座右の銘にしている言葉があります。

「何物にも捕らわれず縛られず ただあるがままに己を生きる」。

大好きな漫画『最遊記』に出てくる言葉です。

ＡＫＢ48というグループに入ってから、ますますこの言葉の大事さを痛感するようになりました。チームのメンバーにとって一番大事なことは、「自分を持っていること」だと私は思います。

「己のために」という気持ちと、「チームのために」という気持ちは、両立することができる。個人主義が強いと協調性をなくしてしまうのでは、と思う人がいるかもしれませんが、「チームのために」という圧力のせいで、それぞれが個性をなくしてしまうことのほうが怖いです。個人のキャラクターがしっかり立っていなければ、みんながが集まった時のチームの総合力は弱まってしまうと私は思います。

強いチームであるためにも、「ひとりひとり」でなければいけないんです。

小さな集団の〝ダマ〟を取る

そうは言っても、女の子は小さな集団を作る生き物です。何人かでいつも一緒に行動して、内輪だけに通じるおもしろワードを作ってしゃべっている。

それが学校の教室だったら別にいいと思うんです。でも、みんなで力を合わせてひとつのことを成し遂げようとしているなら、それは良くない。

もう一度言います。強いチームであるためには、「ひとりひとり」でなければいけません。

小さな4人グループが4つある16人チームより、ひとりひとりがそれぞれ独立してパワーを持っている16人チームのほうが、チームとしての総合力は絶対に強いんです。

ですから、リーダーがチーム作りをするうえで最初にするべきことは、小さなグループで固まってしまっているメンバーたちを、「ひとりひとり」にほぐしていくことだと思います。私はそのことを、「〝ダマ〟を取る」と表現しています。

料理をする人なら分かると思うんですが、ボウルに入れた小麦粉を水で溶くと、ツブツブの小さなかたまりができてしまう。ダマです。よく混ぜてダマを全部潰していって、なめらかな状態にしなければ、美味しい料理はできあがりません。

チーム作りでも同じです。ダマになって固まっているグループを見つけたら、「何の話してるの？」と自分から割って入る。そのダマの中からひとりを連れ出して、別のダマの中へ持っていく。

もしくは、別のメンバーを連れてきて、そのダマの中に入れる。そうやって人間関係を混ぜこぜに「かきまぜる」ことで、「ダマを取る」。

ＡＫＢ48も初期はダマがありました。典型的なのが「年長組」と「年少組」の世代によるダマです。私も最初は「年少組」のダマの一員だったのでよく分かります。

他にも、同期だけで固まってしまうというのも、ありがちなダマです。ダマがあると、どうしてもチームの雰囲気が澱《よど》んでしまうんですよね。だから、そこをほぐしていく。

言い方を変えれば、「もっと人を知ろうよ」ということです。

仲のいい人同士で集まっているのは楽しいかもしれない、でも、まだ仲良くはなっていないし、まだ話したことのない人こそが、自分の新しい可能性を広げてくれるかもしれない。

世の中のイジメ問題も、ダマから発生するものだと思うんです。ダマが、グループだったり、クラスを壊していくものだと思います。

だからリーダーは、メンバーがダマになっていないか、「個」として行動できているかどうかを、一歩引いた視点から見守り続けなければいけない。

チーム全体をどうまとめるかと考える前に、「ひとりひとり」にほぐしておかなければ、意味がないんです。下準備をちゃんとしておかなければ、美味しくできあがるはずの料理も、失敗するだけです。

空気を変えて、高めて、束ねる

前の章でもお話ししましたが、リーダーの大事な仕事は、メンバーの「ひとりひとり」と関係性を結ぶことです。そのうえで、今お話ししたように、チームの中にあるダマを取って、「ひとりひとり」にほぐす。

次はいよいよ全体をまとめる段階に移ります。ですがこの前段階で、リーダーの仕事は八割方終わっているんですよね。

「ひとりひとり」のいい状態ができあがっていたなら、リーダーはみんなのパワーをどこへ持っていくのか、方向性を指し示しさえすれば大丈夫です。

例えば、ＡＫＢ48の場合は、劇場のステージに上がる前に必ず、メンバー全員で円陣を組みます。そこでは私はとにかく前向きに、心に火をつけてあげられる言葉を言うことにしています。

終わった後には反省点をふまえて、次に向けて背中を押してあげる言葉を伝えています。

普段はヘラヘラしていいんです。垣根なんてなく、お互いツッコミ合える関係性でいい。ただし、チームの方向性を示さなければならない「ここぞ！」という時は、がらっとモードを変えます。声のトーンも低くして、普段とのギャップを付けている。

だから私は、円陣を組む前は必ず、ひとりでいるようにしているんです。誰かと一緒にダラダラ話していた人間が、急に「そろそろ始めよう」と言っても、その場には前までのゆるい空気の余韻が残ってしまっていると思います。

でも、私がひとりでいて、「そろそろ始めよう」と号令をかければ、一瞬で空気を変えることができる。

空気を変えなければいけない立場にある人間は、「ここぞ！」という瞬間の前はできるだけ、余分な空気をまとわないほうがいいと思います。

「母」ではなく、「父」の視点に立つ

少し厳しい言葉かもしれませんが、リーダーは、孤独でいなければいけないのかもしれません。

なぜなら、孤独でなければ、「ひとりひとり」のことを平等で見ることができなく

なってしまうからです。

孤独であること、孤独を楽しむこと。それもまた、リーダーにとって大事な仕事だと思います。

特別仲の良い子がいると、その子に使う時間が必然的に多くなりますよね。「あの子の話をよく聞いてるな」ということが周りから見えすぎてしまうと、近付きにくくなる。「たかみなさんはいつもあの人といるんだ」となってしまったら、心理的に相談もしづらいだろうし、声をかけるチャンスも少なくなります。

みんなを友達に、みんなを家族に、みんなを幸せにしたいならば、平等でいなければいけない。その「黄金の距離」を、リーダーは守らなければいけない。

メンバーがたまに私のことを「お父さん的存在」と言うのは、今お話ししたことと関係があると思います。

なぜか「お母さん」とは言われないんですよ。メンバーにとって自分のあり方は、「父」なんだろうなと思っています。

「母」は娘のことを、優しく包み込むイメージです。愛を持って、甘えさせる。

でも、「父」は娘のことを、突き放した視点から見ているイメージなんじゃないでしょうか。愛はあるんだけれども、叱らなければいけない時は、ガツンといく。「母」のほうが娘との距離は近いけれど、近くなりすぎる傾向にあると思います。「母」の愛は、時として盲目になってしまう傾向がある。チームを円滑に進めていく上で、リーダーがそうなってしまうことは、とても危険なことです。

「片思い」ではなく「両思い」を目指す

チーム作りで大事なのは、メンバーへの愛であることは間違いないと思います。でも、愛だけでうまくいくなら、こんなにラクなことはない。

「好きだから」という原動力は、ものすごく強いものだと思うんです。でも、一歩間違えると、自己満足になりかねません。

エネルギーの矢印が自分たちだけに向いてしまっている、仲良しこよしの、内輪受けグループになりかねない。

例えば、全国ツアーのセットリストを決める時は、「どの曲がやりたいですか？」

とメンバーにアンケートを取ります。かなりの確率で、劇場の公演曲があがってきます。理由はメンバー自身がその曲を好きだから。

でも、地方の人が、秋葉原の劇場公演に来られる機会はごく少ないですし、ライブに来られる機会も決して多くはない。だったらやっぱり、シングル曲を聴きたいと思うんですよね。

メンバーのやりたいことと、ファンが望むことは、必ずしも一致しない。その時に、メンバーへの「愛」を100%適用しようとしたら、ファンの思いを無視することになります。強い「愛」の怖さは、他の人からの好意を拒んでしまうところにあると思うんです。

ここでリーダーがすべき仕事は、「自分が好きなAKB48」と「他人が好きなAKB48」の共通点、つまり「両思い」になるポイントを探すことです。そこを探さないと、メンバーもファンも、みんなが幸せにはなれない。

ちなみに、「両思い」の考え方がうまいなと思うメンバーの代表例が指原《さしはら》（莉乃《りの》）ですね。あと、やっぱりゆきりん（柏木由紀《かしわぎゆき》）はうまい！

この2人はもともとアイドル好きだったこともあり、アイドルという存在に対してすごく客観視ができているんですよね。

自己主張が強いだけでは成功しないと思います。自分が求めているアイドル像と、アイドルファンが求めるアイドル像との間で、いいバランスを取ることが大事なんです。

自分はこれが好きだ。自分はこれがいいと思っている。そういう「片思い」ってすごく力はあるけど、むなしいものじゃないですか。

相手からしたら、迷惑だと感じることもあるからです。両思いほど、難しいものはない。

需要と供給、という言葉にするとドライに聞こえるかもしれませんが、そこを一致させるためのバランスを測るのが、リーダーの仕事のひとつだと思います。

そのためには、「愛」だけではやっていけない。時には偏った「愛」を否定する、厳しさも必要なんです。

自分色に染めるよりも、若手色に染まる

同じグループに所属していても、人にはそれぞれ、ひとりずつの道があると思います。

ＡＫＢ48で言えば、センターの子もいれば、2列目の真ん中の子、3列目のはじっこの子もいる。すぐに研究生から正規メンバーに上がることができた子もいれば、時間をかけてようやく昇格した子もいる。選抜メンバー常連の子もいれば、選抜に入れなくてもがいているメンバーもいます。

リーダーは常に、その子のポジションに立って、その子の気持ちで考えなければいけないと思います。

そう考えた時に、私の一番の弱点は、研究生という立場を経験したことがないことです。

研究生であることの不安や悩みって、私が一生分からない部分なんです。分からないからこそ、研究生たちと気持ちをすりあわせられるよう努力しなければいけない。

もうひとつ付け加えると、私は1期生でしたから、先輩がたくさんいるという状況

も分かりません。そこでもまた、そういう状況にいるメンバーの気持ちを想像して、すりあわせていく。

上の代が下の代に、近づいていく、降りていく。

この感覚がすごく大事だと私は思います。

ある時期から、チームの中にだいぶ年下の子が多くなって、距離が遠い子が増えました。AKB48は1期生の私たちから始まって、今では15期生までいます。期が近いと気持ちも近いけど、期が遠いと、どうしても気持ちも遠いです。

引っ込み思案の子も多かったので、向こうからコミュニケーションしてくれるのを待つのではなく、こちらからどんどん近づいていく必要がありました。

同期が多い頃は、私が主導権を握ってチームのみんなに「こういうのをやろうよ。どうかな?」と言えば「OK、ついてきます」という感じだったんです。でも、そのやり方はもう通用しないなと思いました。

「私たちはこうやってきたんだから」と押し付けても、今の若手メンバーはついてこない。

だったら自分たちが、若手メンバーたちに混ざっていけばいい。

自分色に染めるよりも、若手色に染まる。

そっちのほうが早いし、そうすればチームはいつだって新しく、面白くなれると思うんです。

総選挙のスピーチは、過去の活動の総決算であるとともに、未来をも作る。言葉に重みが宿る。

第五章　心を摑むスピーチ術

これまで、メンバーの気持ちをまとめて導くために、言葉を投げかける機会がたくさんありました。

チームをどうしていきたいか、メンバーの「ひとりひとり」と会話することが一番の理想ですが、現実的にはなかなか難しい。ましてやAKB48グループは今、300名を超える大所帯です。大勢に向かって語りかけるスピーチが、どんどん重要になってきました。

また、自分のチームはどんな色を持っていて何を目的として動いているのかを、外に向かって説明する機会もありました。そこでもまた、スピーチです。

もともと私は、喋ることが上手なわけではありませんでした。AKB48に入る前までは、みんなを引っ張っていくような立場になることもありませんでしたし、語りかける言葉を意識して使ったこともなかった。

最初の頃はひどかったんです。だから、練習しました。事前に準備ができる種類のものであれば、徹夜でメモを作りましたし、頭の中で何度もシミュレーションをしました。そして何より、場数を踏むことで、少しずつスピーチの技術を上達させていくことができました。

間違ってもいい、決めることが大事

前の章で、「リーダーはみんなのパワーをどこへ持っていくのか、方向性を指し示す」という話をしました。自分たちのやるべきことが決まっている場合は、躊躇《ちゅうちょ》する必要はありません。ピシッと指を差せばいい。

問題は、自分たちの進むべき道は右なのか左なのか真っ直ぐなのか、分からない場合です。いったい何が正しいのか、どの道が一番、自分たちにとっていい未来を切り開いてくれるのか。その瞬間は、誰も答えなんて分からないんです。時間が経って後から振り返った時にやっと、選んだ道が正解だったかどうか分かるようになる。

間違っていてもいいんです。リーダーに必要なことは、ひとまず、自分自身が「正しい」と思った道を示すことです。

何も選ばないままの状態でいるほうが、メンバーにとっては生殺しのような状態が続いてつらいです。「え、どうしよう」とふらふらしているのではなくて、正解か不正解か分からないけれど、決める。決めること自体が大事なんです。リーダーは決断力のない人なんだと思われてしまうと、チーム全体の士気も下がります。

まずは道を示し、みんなの先頭に立って進んでいく。その選択が間違っていたなら、みんなは「違うんじゃない？」と言ってきてくれる。そうしたら、「ごめん！　違った」と言って、新しい方向へ舵を取り直せばいい。

リーダーは、言葉で道を示す

立ち止まらずに、進みながら、動きながら考える。

みんなの意見に耳を澄ませながら、必要があれば方向転換をする。

リーダーのそのスタンスが、チーム全体を速く、強く動かすことになります。

自分たちはこの方向へ進んでいくんだと「決める」時に重要なことは、言葉です。

メンバーに向かって放つスピーチの中身によって、「うん」と頷いてくれるのか、「それは違う」と不満を抱くのかが変わってきます。

ＡＫＢ48で言えば、劇場公演やコンサートで、私を含めメンバーには一切知らされていない、いわゆる「サプライズ」が発表されることが多いです。

具体的に言うと、〝組閣〟というチームの組み替えや、総選挙などのイベント開催の発表、メンバーの卒業発表などです。それを受けての締めコメントは、総監督である私の仕事でした。メンバーだけではなく、応援してくれるファンのみなさんの気持ちも導くような言葉を、そこで発しなければいけません。

台本なんてないです。そういう時は、周囲の音が一瞬、聞こえなくなるんですよ。そして、「シンキングタ〜イム！　さぁ〜、あなたはこの状況どうしますか⁉」というアナウンスが自分の頭の中に鳴り響いて、いろんな言葉が駆け巡ります。「私の一言で、この企画の方向性が変わるな」というプレッシャーも噴出してくる。

また、ＡＫＢ48と言えば総選挙でのランクイン後のスピーチもおなじみだと思います。どんな順位で呼ばれるのかドキドキしながら、その時の感情をきちんと言葉にしなければいけません。そこで発する言葉が、その後の活動の指針にもなっていく。スピーチが未来を決める、とても重要なシーンです。

そういった場で私は、どんな気持ちで、どんな言葉を発してきたのか。私なりに見つけた「スピーチ七ヵ条」を紹介していきたいと思います。

スピーチ七ヵ条　その一

太文字になる言葉をイメージする

私がスピーチの構成で一番気をつけているのは、「太文字になるような言葉」の存在です。

イメージとしては、漫画の太文字ですね。「海賊王に、俺はなる！」。キャッチーで、インパクトがあるじゃないですか。一度目にしたら、忘れられない。

私はスピーチをする時、漫画の主人公になった気分になるんです。極端な話をすると、スピーチをする瞬間は、世界が漫画になります。「次のコマは、でかゴマだな。フキダシの中身は太文字になるぞ」と。漫画の主人公というより、作者の視点に立っているのかもしれません。

そもそも私がそんなふうに思うようになったのは、自分が出演したＡＫＢ48の冠バラエティ番組を観た時に、私の言葉がテロップで太文字にならないなと思ったからです。

　私はがやがやと騒いではいるんだけれど、太文字になるような面白い言葉を出せていないから、「その他大勢」になってしまっている。それでは、そこにいた意味がない。観ている人の記憶には残らない。太文字になる言葉を、意識的に発信していこうと思うようになりました。

　その場の無茶ぶりでスピーチするのではなく、事前にスピーチすることが決まっている場合は、太文字になる言葉を決め打ちしておきます。聞き手に「この人が伝えたいのはここだな」と確実に届けられるよう、言葉を磨きます。

　スピーチが長くなるのであれば、太文字の言葉はひとつではなくいくつか用意しておきます。話が長くなればなるほど、人って聞くのが面倒くさくなります。途中で集中力が途切れ、聞き流されてしまっては後は何も残りません。どうしても話が長くなる時は、聞き手に「おっ！」と思わせる強い言葉を合間に挟む必要があると思います。

　難易度がグッと上がるのは、無茶ぶりでスピーチを任された場合です。頼りになるのは、自分の心の中にある「言葉の引き出し」です。

スピーチに関して、勉強してよかったなと思うのは、名言集をいろいろ読んだことです。うまいたとえ話や、いいコメント、締め方やまとめ方と出会ったら、とりあえず全部自分の引き出しに入れておく。そうすると、引き出しに入っているうちにうまい具合に熟成されて、いつか自分の言葉になって出てくるはずです。

スピーチ七ヵ条　その二

〝声のトーン〟で聞くテンションを作り出す

スピーチの中に、人を惹き付けるような「太文字になる言葉」をいくつかちりばめる。その方針が決まれば、次の課題は「言い方」です。「言い方」が良くなければ、届くはずの言葉も届きません。

まず注意したいのは、声のトーンです。私の場合、感覚として、スピーチを始める時は普段の声より2音くらい下げています。いつもより真剣に聞こえるからです。声のトーンによって、相手を「聞くテンション」にさせることができる。自分がどのトーンで喋ると、みんなにとってどう聞こえるのか、把握しておくと効果的です。

何か大きな出来事が起きたとして、感極まったままで喋るのは避けたいところです。泣いたまましゃべり続けたら、聞いている人は涙のほうに気を取られて、話も流れていってしまう。嬉しさを爆発させたまましゃべり続けたら、笑顔に気を取られてしまって、話が耳に入ってきません。

スピーチの場で伝えたい言葉があるなら、落ち着きましょう。一拍置いて、深呼吸です。そして、トーンを下げて喋り始める。

スピーチ七ヵ条　その三
事実を前提に客観的に話し始める

いきなり「太文字になる言葉」を放っても、聞く側はきょとんとしてしまいます。声のトーンで「聞くテンション」を作ったうえで、届けたい言葉をちゃんと届けるための前段階として、地ならしをする言葉が必要だと思います。

例えばＡＫＢ48のコンサートでは「サプライズ」がつきものですが、私も事前に何も知らされていません。チーム編成が変わる、誰かが卒業を発表する。それを知って、私も慌てているんです。私の心の中も忙しい。その気持ちは、メンバーやファンのみなさんとまったく一緒なんですよね。

だったらなおさら、慌てずに落ち着いて、私自身のその瞬間の気持ちを丁寧に言葉にしていく。「今、こういうチーム替えの発表がありました。まだ、すぐには受け止められない人が多いと思うし、私も、驚いています」というふうに、事実を前提に客観的に話し始めることで、喋る側と聞く側の関心を一致させるんです。

当たり前の事実を言うだけでいいんです。スピーチをすることになった「今」の状況を、確認していけばいい。「今」の私はどんな状況であり、チームとしてはどんな課題を抱えていて、外部の人からはこのチームがどう見えているのか。このスピーチにはどんな期待が向けられていて、スピーチすることにはどんな意味があるのか……。

その後の言葉をしっかり聞き届けてもらうためにも、スピーチ冒頭の地ならしは必須事項だと思います。

スピーチ七ヵ条　その四

感情ではなく、その感情を抱いた理由を言う

ダラダラ喋っていては、どんどん聞くテンションが下がります。

スピーチでは「嬉しい」「悔しい」といった目に見える感情よりも、目に見えないことを言うべきです。嬉しさや悔しさは、見れば分かるからです。わざわざその言葉を口にして、時間を割くのはもったいない。

総選挙の特番をテレビで観たことがあるという方は、少なからずそう思っているのではないかと思います。若手メンバーのスピーチの、一番の課題です。「嬉しい」「悔しい」という感情の言葉を安易に連発しないようにする、そう意識するだけで、スピーチの中身はグッと良くなるんです。

誤解してほしくないんですが、嬉しさや悔しさの中身、なぜその感情を抱くに至ったかを説明することは、聞き手にとっても興味のある情報なんですよ。内面は、目には見えないものだからです。そもそも目には見えないものが理解できると、人は好奇心を満たされる。その感情を抱くに至った理由を説明してもらえたなら、自分の経験

と比較したりして、共感もできるようになるんです。

スピーチ七ヵ条　その五
聞き手を想像しながら喋る

誰に向けて喋るのかによって、言葉遣いも、言葉の選び方も変わります。

円陣を組む時、チームのメンバーに向けて喋る時なら、その場で感じたことをそのまま素直に言えばいい。また、もう10年も活動してきていますから、メンバーの顔を見れば、私に「言ってもらいたいこと」も分かります。

コンサートであまりにショッキングなサプライズが発表された時は、どうでしょうか。メンバーもファンも動揺しています。タフな人ももちろんいますが、傷ついている人のほうが多い。リーダーとしては、傷ついている人のほうをターゲットにした言葉を選んでいくべきです。

一番難しいのは、総選挙のスピーチですね。昔だったら、ファンのみなさんやメンバーに向けてスピーチをすれば良かったんです。ところがここ数年、スピーチもテレビで生中継してもらえるようになりました。

身内が観ているだけではなく、何万人もの人が観ている。この中継で初めてAKB48のことを知る人もいます。「組閣が〜」というようなグループの内輪のワードを噛み砕かず話しても分からない人たちがいっぱいいるんです。

仲間内だけでの会話なら、それでもいいと思います。「起承転結」で言えば「転」だけで伝わると思うし、女の子だけのガールズトークでは往々にして「転」から「転」へ展開していきます。

でも、より多くの人に伝えるには「起承転結」の「起」をきちんと説明しないといけない。内向きの言葉をどれだけ大衆化して喋れるかが、そういう場合のスピーチにとって重要なポイントだと思います。

スピーチ七ヵ条　その六
「……」の間を大事にする

人ってたぶん、人が言った言葉を頭の中で繰り返しているんです。言葉を反復して、その意味を考えている。ということは、あまりにも話が先へ先へと早く進みすぎると、何も理解できないまま終わってしまうことになります。

一瞬立ち止まって、聞き手に言葉の意味を考えてもらう時間を、喋る側が意識的に作るべきだと思います。場も盛り上がっているし、勢いのまま本当は一気にいきたいところだけれど、タメる。「……」と何も喋らず、間を作る。

私はオバマ大統領のスピーチや、スティーブ・ジョブズのプレゼンテーションを観るのが好きなんですが、聞き手がちゃんと理解してくれるのを待ったり、次は何が出てくるのかとワクワク期待させたりする、間の演出がものすごくうまいんです。

スピーチの途中で言葉が詰まってしまって、「うーんと」とか「えっと」と言うくらいなら、間を作ったほうがいいですね。

無言でタメると、人は注目してくれます。

沈黙を怖がって余計な言葉で埋めようとすると、聞く側は「こいつ、ブレブレだな」と思うものなんですよ。「自信がないんだな」と、その人に対してのモヤモヤが募っちゃって、言葉が入ってこなくなる。

でも、無だとついてくるんです。「それでそれで？　次は何なの？」となるんです。「……」の間をどう使いこなせるかが、スピーチを最初から最後まである程度の集中力を持って聞き続けてもらう決め手だと思います。

スピーチ七ヵ条　その七
前向きな言葉で自分と聞き手の両方の気持ちを高める

七ヵ条その三（「事実を前提に客観的に話し始める」）で、スピーチの冒頭は、「今」の状況を確認するのが効果的だという話をしました。スピーチの結末では、どんな言葉がふさわしいでしょうか？　場合にもよりますが、私はやっぱり、明るい「未来」に向かって進んでいくような言葉だと思います。

あまりにも厳しい「今」の状況から、明るい「未来」の状況へつなげようとするのは、時には無理があると思うこともあるかもしれません。

でも、〝接続詞〟はおかしくてもいいんですよ。リアルじゃないなと思ったとしても、言わなければ進めないことっていっぱいあるんです。

まず前向きな言葉を置きにいって、それに向かって進んでいけばいいんです。

私自身、スピーチで喋ったことを書き出してみると、我ながら「無理があるぞ！」と思うことはたくさんあります。むしろ、そんなことばっかりです。

AKB48名物の「サプライズ」では、涙が出るほど嬉しい発表をいただく時もあります。でも、本音を言えば、「ふざけるな！」と叫びたくなる時もある。どうして組閣（チーム替え）をしてチームをバラバラにするの？　どうして総選挙なんて残酷なイベントを考えつくの？　私もそう思っているし、他のメンバーも、ファンの方もきっとそう思っている。

でも、もしも私がマイクを通して「ふざけるな！」と言ったら、それがその場の正論になっちゃうんですよね。そうなっちゃうよりも、偽善かもしれないけれども、「これは与えられた試練だ」と自己暗示をかける。

ポジティブな言葉だけを連呼していればいいわけではないんです。現状を認識したうえで、まずは「私も驚いています」と自分の気持ちをしっかり言います。正直うまくいくかは私も分からないし、メンバーも今すごく戸惑った顔をしている。もちろん、ファンのみなさんの気持ちもよく分かっている。そのうえで、「でも、これをやってみた時にメンバーが成長するかもしれないし、その可能性に賭けてみたい気持ちもあります」。スッと希望に置き替えるんです。

ハリボテでもいいんです。「頑張ります」と、前を向く言葉を放つ。だって、「無理無理！」と言ってる人を応援したいとは思わないじゃないですか。強い敵を前にして、「無理無理！」と言っている漫画の主人公なんて見たくない。

勝てないかもしれないけど、「でも、やるんだよ！」という姿がかっこいいから、応援したくなるんです。続きを読みたくなる。

たまにファンの方から、「あのサプライズの時に、たかみなが拒否してくれれば良かったのに」と言われることがあります。でも、そこで言い返しても、内部分裂してごちゃごちゃになって解散するという未来が待っているだけだと私は思うんです。

そもそも「やらない」という選択は、私たちにはありません。私たちはプロデュースされる側の人間だからです。どうせ「やる」のであれば、まとめる立場の人間が先陣を切って、前向きな言葉を言って、風に当たっていくしかない。

そのかわり、スピーチを終えた後の楽屋やスタッフルームでは、本当に言いたいことをぶちまけますよ。メンバーはこれだけ傷ついているし、これだけ怒っている。「なんてことをするんですか!」と、メンバーのいらだちは私がちゃんとスタッフさんたちにぶつけています。たぶん、メンバーはステージ裏の私の姿を見ているから、納得してくれていると思います。

思い出の総選挙スピーチ

今までに自分がしてきたスピーチを振り返った時、やはり印象に残っているのは、総選挙のスピーチです。

2009年に初めてこのイベントが開催されることになった時は、正直に言えば大激怒でした。ファンのみなさんの人気投票でメンバーに順位を付けるなんて、チームをバラバラにしたいとしか思えなかった。「ファンの方の応援があるから、自分たちはスポットライトを浴びることができるんだと再確認できる。初心に返れる」と、少しでもポジティブな言葉を言えるようになるまで、3年かかりました。

ある時期から、総選挙の順位が発表されてマイクの前に立つ、あの瞬間だけは、本音を伝えることができる場所だと思うようになりました。「総監督・たかみな」としてではなく、「高橋みなみ個人」として、私自身の言葉を発する権利を持てる場所。だから、あの場所でだけはいつも、嘘を言いたくなかったんです。

2015年の総選挙のスピーチは、今までで一番悩みました。卒業を発表していましたから、最後の総選挙であることは分かってたし、初めて「目標順位は1位です」と掲げていた。結果的には4位でしたが、悔いのないラスト総選挙でした。

順位発表後のスピーチでは、一緒に戦ってくれたファンのみなさんに心からの感謝を伝えることはもちろん、この10年間の活動の締めくくりとして、メンバーに伝えられることは全部、伝えておきたいと思いました。

そこでのスピーチが、私という人間が「AKB48に残せるもの」のひとつになると思っていた。

私のAKB48人生の記録という意味も込めて、以下に採録させてください。

第7回AKB48総選挙　高橋みなみスピーチ全文

2015年6月6日　福岡ヤフオク！ドーム

＊スピーチ七ヵ条にあてはまる部分を編集サイドでピックアップして脚注にまとめました。

みなさん、本当にありがとうございました。

＊1 私がAKB48に入ってから、今年で10年が経ちます。

7回目の総選挙、最後の総選挙でした。

1期生メンバーとして入ってきて、たくさんのメンバーの卒業を見送ってきました。いろんな葛藤や、いろんな思いがありました。

そして、私は、入って1年ぐらいの時にあることに気づきました。

＊2「私はこのグループでは、一番にはなれない」ということです。

同期には前田敦子がいました。次の期には大島優子がいました。

［編集注］スピーチ七ヵ条にあてはまる部分を編集サイドでピックアップしてまとめました。

＊1　少し音程を下げて聞かせる声のトーンに

＊2　本心を吐露した太文字になる言葉

みんなすごくて、カリスマ性があって、絶対的人気があって。

私は歌手になりたくて芸能界を目指しました。たくさんオーディションに落ちました。そして受かったのがAKB48でした。

歌手になりたいけど、アイドルになりました。*3

カワイイとか、アイドルとか全然分からなくて。どうすれば人気がでるのかも分からなくて。でも、このグループがすごく好きになったから、すごく頑張りたいなって思って。

気付いたらキャプテンになって、総監督になっていました。


そして、総選挙があって。

「私なんかが、1位になりたいなんて言っちゃいけないいな」って思いました。

グループが好きだからこそ、グループの先を見ました。

「この人がセンターになったほうがいいな」

＊3　自分の立場をはっきりさせる客観的視点

「この人が次1位になったらいいんじゃないか」

自分のことなんてどうでもよかったんですけど……。

でも、きっとここにいるメンバーみんなが思っていることを、私も一緒に思っています。


*4「1位になりたいって、言ってみたいな」ってことです。

私は最後の総選挙で初めて「1位になりたい」と言いました。確かに、目標としていた順位には届かなかったし、ここまで呼ばれなかったから、1位になろうって思ったけど。

*5でもね、今、本当に清々しいです。1位になりたいって言って、ファンのみなさんと一緒に、ひとつの目標に向かって頑張ってこれたことがとても嬉しいです。とても幸せです。

ここに立ったら何を言おうか、とすごく考えていました。


［編集注］スピーチ七ヵ条にあてはまる部分を編集サイドでピックアップしてまとめました。

*4 メンバーの気持ちを代弁する太文字になる言葉

*5 感情を抱いた理由

何を言うのが正解なのか。最後の総選挙で私は、みんなに何を残せるのだろうと。

[*6]**なので、ここからは、是非メンバーに聞いてもらいたいなと思います。**

私は、メンバーに残したい言葉があります。

多分みんな、いろんな活動をしていて、「悔しいなぁ」とか「頑張っても、100頑張っても1ぐらいしか評価されないなぁ」って、たくさん矛盾を感じていると思います。

[*7]**でもね、人生というのはね、きっと「矛盾と闘うもの」なんだと思います。**

色々思うことがあると思う。

でも、頑張らなきゃいけない時っていうのがあるし。頑張らなきゃいけない時っていうのは、一瞬ではないということを、みんなに

---

*6 あえてメンバーに向けて言葉を発することで聞き手を意識する

*7 メンバーに伝えておきたい太文字になる言葉

覚えておいてほしいなと思います。

272人、今回立候補しました。

呼ばれたのは80人でした。

呼ばれなかったメンバーは、では、頑張っていなかったのか。

違います。[*8]

みんな頑張っています。

劇場公演に立ち続け、学業を両立して頑張って、自分のやらなきゃいけないことと一緒に頑張っているんです。

でも、ここに立てるのは80人なんです。[*9]

だからきっと、AKB48グループにいればいるほど、頑張り方が分からなくなると思います。

どう頑張ったら選抜に入れるのか。

［編集注］スピーチ七ヵ条にあてはまる部分を編集サイドでピックアップしてまとめました。

＊8　前向きな言葉を間を取って聞かせる

＊9　シビアだけれど客観的な視点

どう頑張ったらテレビに出れるのか。

どう頑張ったら人気が出るのか。

みんな悩むと思うんです。

[*10]でもね、未来は今なんです。

今を頑張らないと、未来はないということ。

頑張り続けることが、難しいことだって、すごく分かってます。

でも、頑張らないと始まらないんだってことをみんなには忘れないでいてほしいんです。


私は毎年、『努力は必ず報われる』と、私、高橋みなみは、人生をもって証明します」と言ってきました。

[*11]「努力は必ず報われるとは限らない」。そんなの分かってます。

でもね、私は思います。頑張っている人が報われてほしい。

だから、みんな目標があると思うし夢があると思うんだけど、そ

＊10 太文字になる前向きな言葉

＊11 客観的視点と前向きな言葉の対比

の頑張りがいつ報われるとかいつ評価されるのかとか分からないいんだよ。

分からない道を歩き続けなきゃいけないの。

[*12]きついけどさ、誰も見ていないとか思わないでほしいんです。

絶対ね、ファンの人は見ててくれる。

これだけは、私はAKB48人生で本当に一番言い切れることです。

だから、あきらめないでね。

松村《まつむら》（香織《かおり》）がまさか私の名言を言ってくれるとは思わなかったんですけど。

[*13]そうね。ネタにされるよね。キレイ事だもんね。

でもね。今年も、卒業してからも、言わせてもらいます。

最後なので。まあよく、「アコースティック・バージョン」とか

［編集注］スピーチ七ヵ条にあてはまる部分を編集サイドでピックアップしてまとめました。

＊12 自分の体験に基づく前向きな言葉

＊13 客観的意見で聞き手の視点に

（篠田《しのだ》）麻里子《まりこ》様にいじられたりしたんだけど。

これが、高橋みなみ・総選挙ラストバージョンです。

みなさん、一緒に言ってくれますか？[*14]

いきます。せーの！

「努力は必ず報われる」と、私、高橋みなみは、これからも人生をもって証明します。[*15]

ありがとうございました！

＊14 聞き手を巻きこんで共感を促す

＊15 太文字になる前向きな言葉

大きなコンサートでは拡声器を持ってメンバーの前に立つ。一挙手一投足に注目が集まる。

第六章　努力論

リーダーの大きな仕事のひとつは、メンバーに手本を示すことです。

一番やってはいけないのは、「言っていることと、やっていることが違う」ことだと思います。「遅刻をするな」とメンバーに言いながら、リーダーが遅刻していたら最悪ですよね。「練習しろ」と言いながら自分はサボっていたら、この人の話は聞かなくてもいいや、となってしまいかねない。「努力しろ」と言うならば、自分自身が努力していなければいけないんです。

リーダーという肩書は、みんなが言うことをきいてくれるツールだと思うのは大間違いです。むしろリーダーという肩書は、みんなの目を厳しくさせるツールだと思ったほうがいい。

人ってどうしても、他人のアラを探すものじゃないですか。人のダメなところって、ふとした時に目立っちゃうものなんです。でも、いいところって、意識しないと見えてこない。自分が他人をそう見ているということは、自分も他人にそう見られているということでもあります。

ましてやリーダーという肩書を持つ人には、どうしても視線が集まってくる。メンバーは、リーダーの言葉と同じかそれ以上に、リーダーの行動をじっと見ているものなんです。だからこそ、リーダーはブレたらダメです。

この章では、「言っていることと、やっていることを一致させる」例として、努力についてお話ししていきたいと思います。

一人歩きした「努力は必ず報われる」

2011年の選抜総選挙のスピーチで私は、「努力は必ず報われる」と口にしました。

言葉が一人歩きする……とは、このことだなと思っています。その言葉を口にしたことで、希望を持ってくれた人もいたけれど、キレイ事だと批判する人もたくさんいました。この数年間、自分の言葉に首を絞められていると感じることもあったんです。

誤解があるんです。私の思いとしては、あの後に続く言葉が大事なんです。私は2011年のスピーチで、こう口にしました。

「〝努力は必ず報われる〟と、私、高橋みなみは、この人生をもって証明します」

この世界は理不尽なことの連続だから、夢を叶えられるかどうかは、正直分かりません。いっぱい努力しても、報われないことのほうが多いのかもしれない。でも、夢を叶えるために、私は、努力をやめるつもりはありません。そんな私の姿を見て、「自分も努力したい」と思ってくれる人がいるんじゃないかなって……。

あの総選挙があった頃、私はすごく悩んでいました。当時は「総監督」という肩書もついておらず、ＡＫＢ48内での序列を気にしている時期でした。

選抜に選ばれはするものの、後輩がどんどん前に出ていき、自分はちょっとずつ後ろの列へ下がってきている。私はソロ歌手になるのが夢なのに、他のメンバーのほうが先にソロデビューしていく……。自分なりに頑張っているのに、「どうして？」という気持ちが渦巻いていた。

ふっと周りを見渡してみたら、他のメンバーも同じ気持ちを抱いているんじゃないかと思ったんです。この世界は、頑張っている順に選抜メンバーが選ばれたり、総選挙で上位になるのかと言ったら、そうじゃない。人より何倍も努力しているのに報われず、悔しい思いをして、もがき苦しんでいる子がいっぱいいる。

努力の先には、夢を叶えた未来が待っている。そう思えなかったなら、努力することを諦めてしまう。努力なんて無意味だと思ってしまう。メンバーたちに希望を示さなければいけないと思いました。自分の言葉と、態度によって。

あのスピーチで伝えたかったのは、「私は努力をやめない」ということだったんです。そして、「言っていることと、やっていることが違う」のは最高にかっこ悪いと私は思うから、それを言っちゃったら、私は努力をし続けなければいけない。でも、だからこそ、「言っちゃえ!」と思ったんです。自分の退路を断つために、そうすることで、みんなに希望を与えるために。

人生は矛盾との戦い

メンバーから、「努力がなかなか報われません」という相談を受けることは多いです。それに対して私は、「大丈夫。必ず報われるよ」という言い方はしません。人生は矛盾との戦いです。「努力しているのに、報われないこともある」。甘くない現実を伝えるようにしています。そのうえで、こんな話をします。

積み重ねた努力の量は、数字としてはっきり見えるものではないし、このポイントまで溜まったから報われる、ということでもないです。努力の結果はすぐ、目に見える形で表れるわけではない。努力が何かしらの結果に結びつくまでには、タイムラグがあるんです。

不安になってしまうと思うんですよ。どこまで努力したらいいのか分からないし、自分が努力していることは、何にもつながっていないと感じてしまうかもしれない。だからといって、そこで「あんなに頑張ったのに無駄だった……」とは思わないでほしい。そういう時こそ、「ここからなんだ！」と思ってほしいんです。

今、特にエールを送りたい相手は、（渡辺《わたなべ》）麻友《まゆ》かもしれないです。彼女は、グループの中でも一番、まっすぐに努力をしているメンバーだと思います。だからこそ、一番、矛盾と戦っているメンバーでもあります。ＡＫＢ48は、正統派のアイドルとしてまっすぐに光り輝き続けることだけが「正解」とは限らない、という矛盾をはらんでいます。「正解」がいくつもある世界で、これから自分はどの道を進んでいけばいいのか悩んで、もがいて、努力している。

さきほどのような相談を受けた時に、もうひとつ、よく言う言葉があります。「努力を見てくれている人は必ずいる」。そのうちのひとりが、私でありたいと思っています。自分が卒業した後も、麻友の努力と麻友の戦いを、見守り続けたいと思っています。

「努力」の項目がない成功の方程式はない

とてつもなく高い能力を持っている人は、世の中にいます。とてつもなく大きな運を持っている人も、数は少ないけれど実際にいる。天賦《てんぷ》の才能を持っている、天才です。私は天才じゃありません。ほとんどの人は、天才ではない。天才じゃないなら、頑張るしかないんです。

「夢を叶えるためには、○%の才能と△%の運と□%の努力が必要」という式は、いろんなところで目にしますよね。当てはめる数字は、人それぞれだと思うんです。私が大事だなと思うのは、そこに入る具体的な数字ではないです。

努力の項目がない式はない、という事実です。

努力が０％の式はない。努力をしなければ、夢を叶えるための１００％には誰もたどりつけないんです。努力は夢を叶えるための切符なんです。

どんな天才であっても、努力をしている。そのことを思えば、「努力をやめる」という選択肢は、ないんです。

褒めるのも自分、足りなかったと思うのも自分

人一倍頑張っているのに、ぜんぜん報われない。そう思ってしまった時は、「足りない」と思うしかないです。

自分のことを、ちゃんと褒めてあげますよ。「頑張ったよね。だってコンサート前日の夜中まであんなに練習したもんね」。でも、本番で振りを間違えてしまった。「ってことは、努力が足りなかったたね」。

褒めるのも自分だし、足りなかったと思うのも自分なんです。自分の努力を誰より分かっているのは自分だし、誰より厳しくいられるのも自分。

自分に色付けするのは、自分です。自分には何が足りなくて、何を足していけばいいのかという判断は、自分でくださなければいけないんです。

自分の適性を知るための努力

注意しなければならないのは、ただがむしゃらに努力をしてもダメだということです。努力する方向性が、間違っている場合があるからです。ちゃんと自分を知って、自分の向き不向きを見極めることが大切です。

前の章でもお話ししましたが、そもそも私は、歌手になるという夢を抱いてＡＫＢ48に入りました。そうしたら、アイドルをやることになりました。歌手とアイドルの違いは、アイドルには「歌って踊る」の「踊る」がくっついてくることです。

最初は信じられないぐらい、ダンスがヘタクソな女の子でした。苦手で、嫌いで。それでも頑張って、死にものぐるいで練習をしたら、周りに認められるようになりました。いつの間にか私自身も、ダンスが大好きになりました。

じゃあ、私はダンスでプロになれるのか？　その後も続けてみて思ったのは、「無理だな」ということでした。ある程度のレベルまでは達することができるけれども、突き抜けるところまではいかない。

ソロのアーティストとして、ダンスを売りにするレベルには達しなかった。

でも、その結論を出せたのは、努力したからです。

最初から正解を出すことなんて無理です。頑張った結果、「やっぱり違ったな」ってことが分かる。それって、やってみなきゃ分からなかったんですよね。

自分の適性を知るためにも、やっぱり、努力が必要なんです。

努力が生む副産物

私のＡＫＢ48人生を振り返ってみたら、努力する→自分の適性のなさを知る→また努力する、その繰り返しだったように思います。

歌手になりたくて、アイドルになった。せっかくなったなら、グループのセンターになりたいと思った。でも、なれなかった。

その挫折が、新たな努力のスタートでした。

そこでめげずに努力した結果、自分でもまったくの予想外の場所にたどりつきました。300人を超す女子グループのリーダーになって、喋ってまとめる力がついたんです。

それこそが私の適性だった。

何が幸いするか分からないんです。本気で努力した先には、当初、思い描いていたのとは別の到達点がある。

努力には、副産物がついてくることがあるんです。

こんな副産物もある

……ちょっと横道にそれてしまうかもしれないんですが。

「チームA 6th公演『目撃者』」の私のソロ曲に、『愛しさのアクセル』という曲があります。

戦士のような衣装を着て、剣を振り回しながら歌うんです。初披露の時、舞台に出ていった瞬間、客席のザワつきを感じました。誰が見ても滑稽だ、というのは分かっていました。でも、私が恥ずかしがってしまったら終わりですから、思いっきり剣を振るうしかない。せっかくいただいたソロ曲なんです。ものすごく時間をかけて練習して、ブレのない剣使いを習得したんです。

初日の公演を観た秋元先生がおっしゃいました。「高橋、なんであれ、剣振り回してるの？」。「いやいや、秋元先生のアイデアですよね⁉」と。

どうやら、伝達ミスがあったらしいんです。秋元先生は最初、アニメソングのような曲を書き下ろすという話だったんですね。そういう世界観であれば高橋には剣を持たせて歌わせたいと、スタッフさんに話していたそうなんです。

でも、秋元先生が途中で、やっぱり中森明菜さんのようなイメージの曲にしたいと方向転換。その情報がスタッフさんのところまで伝わってこなくて、私は剣を持ったまま舞台に上がることになりました。

根本的に、おかしいんです。歌詞と剣との関連性がまったくない。世界観がずれちやってるんです。でも、滑稽かもしれないその姿が、インパクトとして記憶に残るみたいなんですよ。楽曲の総選挙とも言われる「リクエストアワー」の企画などでも、人気の曲になっていったんです。あの曲がもしも剣を振り回していなくて、普通にスタンドマイクで歌っていたら、これほど記憶に残らずスルーされてしまったと思います。

初日で剣を置かずに、振り回し続けて良かった。これもまた、努力が生んだ副産物のひとつ……なのかな、たぶん（笑）。えーと、話を戻します。

3年待て！

1、2年目のメンバーから「グループを辞めたいと思っています」と相談されることは、少なくないです。その時は、とにかく相手の話をじっくり聞きます。そのうえで私は、「とにかく3年続けてみようよ」と言うことにしています。

努力は目に見えるものだけじゃないし、自分の努力は自分にしか分からないことがいっぱいある。すぐに評価されるとは限らないし、むしろ時間はかかるものだと思ったほうがいい。だから、「今を耐えよう」という意味です。

3年という数字には明確な根拠はありません。ただ、私の経験を振り返ってみた時に、AKB48に入って丸3年経ってから、ようやく見えてきたことがたくさんあったと思います。「石の上にも三年」ということわざもありますよね。まずはいっぺん、3年後を見てみよう。ダメだったら、その時は方向性を変えてみようよ、と。

3年って、中にいる間はすごく長く感じますけど、人生全体から見たら「たった3年」とも言える。でも、その3年間を全力で頑張った、耐え抜いてやり切れたと感じられたなら、自信につながっていくんです。

3年間の経験の中から、他の活かされる要素もたくさんあると思います。それ以上に、努力したという経験が、その後の自分の、糧《かて》になるんです。だから、自分が努力したことが無駄だったとか、黒歴史だとか思わないでほしいなって思います。

努力はかっこ悪いものじゃない

どうして、私がここまで「努力」にこだわるのか？　直接的な理由としては、自分には才能がないからです。足りない部分だらけだと思うから、それを努力で補いたい。もうひとつ、私には明確な理想像があります。私の大好きな、少年漫画の主人公たちの姿です。少年漫画の主人公って天才が多いと思われがちですが、実はみんな、一生懸命努力しているんです。その姿が、私は「かっこいい！」と思うんですよ。だから私も、彼らみたいに努力を惜しまない人になりたい。

いま、世の中には「努力するのってかっこ悪い」「努力なんて暑苦しい」という風潮がある気がします。誰しも自分にプライドがあるから、自分の弱点をはっきりと認めたくない、弱点を補う努力と向き合いたくない。でも、プライドを捨てきれず、努力を怠って、成長するチャンスを放棄しているほうが、私はかっこ悪いと思います。

だから、言いたいです。努力はかっこ悪いものじゃない！

2015年に初開催されたソロコンサートでのワンシーン。ソロのたかみなは、「かっこいい」。

第七章　たかみなイズム

「AKB48のたかみな」は元気で気さくなイメージで、人なつっこいと思われがちですが、本当は人見知りなんです。素の自分は、激弱《げきよわ》なんですよ。そんな人間だからこそ、自分のことや、他の人のことについて、よく考えるのかもしれません。

リーダー論……というところからはこぼれてしまうかもしれませんが、この章では私が普段考えていることをお話ししていきたいと思います。

「できないこと」は「伸びしろ」になる

私の頭の中にあるのは基本、「やばい」の3文字です。常に「大丈夫かな？」って思っている。常に不安と隣り合わせです。

何も秀でたところがないんです。ほとんどのパラメーターは均一に、5段階評価の3くらいなんだと思います。歌が超うまいわけでもないし、ダンスがすごく踊れるわけでもないし、顔がむちゃくちゃかわいかったりスタイルがいいわけでもない。

何かに秀でてる子を見るとうらやましいと思うし、憧れます。自分には足りないところがたくさんあるなと痛感します。だから、「やばい」。

でも、そういう状態が、私は嫌いじゃないんです。

「やばい」と思えたなら、「まだいける」。

「できないこと」は努力しだいで「伸びしろ」になると思うんです。

弱いからこそ、強くなれる。凡人は強いです。その反対に、天狗は弱い。

「自分はできている。自分はすごい」と天狗になっていると、周りが見えなくなって、自分には何が足りないのかが見つめ直せなくなる。自己中心的な態度が、おのずと敵を作ることにもなります。

天狗になってもいいことはない。私は一生、凡人であり続けたいと思います。

コンプレックスは成長のチャンス

コンプレックスのかたまりです。

身長148・5センチのチビです。いまだにあと5センチあったらなと思う。なのに私の幼稚園の時の夢は、モデルでした。無理です。

でも、私は、背がちっちゃくて目立たないから、ステージでは他の人よりも大きく踊ろうと思いました。その結果、「小さいけど頑張っていて目を引く」と言ってもらえるようになりました。

一時期、肌がすごく荒れた時がありました。そのことがコンプレックスになって、どうにか肌をきれいにしなきゃと思った結果、美容に対して詳しくなった。コンプレックスをどうにかしたいという思いは、自分を変える力になると思います。「別に今の自分でいいや」と満足してしまったら、自分を変えるきっかけすら持てないからです。

大事なことは、「自分を好きでいてあげよう」ということです。

自分のダメなところはきちんと理解しつつ、自分のいいところも見つけてあげる。

圧倒的な積み重ねが自分を信じる根拠になる

「自分にどれだけ時間をかけたか?」が自信につながると思います。

だから私は、リハーサルが大好きなんですよ。やればやるほど、自分の弱気が薄められていく感覚があるからです。

「できないこと」を何十時間も練習して「できること」に変えられたなら、それは自信になります。だから、新曲の「振り入れ」も大好きです。「できないこと」が「できること」になる瞬間の喜びを、味わえるチャンスだからです。

プレッシャーに打ち勝つ方法も、基本は同じです。

私はめちゃくちゃプレッシャーを感じるタイプで、いつも開演前の舞台袖では、嘔《え》吐《ず》いています。でも、幕が上がってファンのみなさんの顔が見えたら、不安は不安だけど「やるしかない」ってスイッチが入ります。「ステージの上の自分はできるはずだ」と、自分を信じる。

信じる根拠は、それまでに積み重ねてきた時間です。「ここにいる誰よりもステージに立っている」「修羅場はいくつも経験してきている」「あんなに練習してきたじゃないか」。

プレッシャーに打ち勝つためには、圧倒的にやる。練習が大事です。経験が大事！

悩む時間が未来を作る

仕事でもそうだし、夢を叶えるというプロセスを考えてみてもそう。人は「やりたいこと」だけじゃなく、「やらなきゃいけないこと」もやっていかなきゃいけません。「やらなきゃいけないこと」は、「やりたくないこと」である場合も多いと思うんです。でも、やらなきゃいけないんだったら、イヤイヤやるよりも、一生懸命やるしかないよねって割り切ったほうがいい。

その過程で身に付くものもあると思うし、その頑張りを見ていてくれる人は絶対にいます。「やりたいこと」につながるチャンスをもらえることになるかもしれない。

AKB48のメンバーは、秋元先生のプロデュースを受けることを前提に入ってきています。「こういうことがやりたいです」と発信することもできますが、私たちは基本的に、「これをやりなさい」と課題を与えられる側にいます。

ある意味、自分で考えなくても前に進んでいけるんです。でも、課題を与えられた時にノーと感じる自分がいたならば、その気持ちを忘れちゃダメなんだと思って私はやってきました。

悩む時間が大事なんです。悩む時間が人を育てるんだと思う。

そうじゃなければ、AKB48を卒業して、すべてを自分で選択しなければいけなくなった時、自分で自分に課題を出さなければいけなくなった時に、からっぽの自分と出会うことになってしまうかもしれない。

やらなければいけない、避けられない選択肢を前にして、それでもちゃんと悩んで考える。その結果「選んだ」という感触が、未来の自分を作るんです。

責任感から解放される場所

AKB48での私は、いつもリーダーの責任感と隣り合わせです。そんな責任感から解放してくれる場所、個人になれる場所が、ノースリーブスです。2008年11月に結成された、私、高橋みなみ、峯岸みなみ、小嶋陽菜による3人組ユニットで、最後までAKB48に残った1期生の仲間です。

ノースリーブスの3人でいる時は、総監督という役割から離れてゆるい自分でいてもいい。なぜだと思いますか？　他の2人が、素の私をよく分かってくれているし、なによりとことんゆるいからです。

意外に思われるかもしれないですが、素の私はひとりでいることが好きです。プライベートでお休みがあると、ひとりで家に引きこもっていました。人と一緒にいることによる疲れは、ひとりにならないと癒やされないと思っていたんです。ひとりの時間を作って〝マイナスをゼロ〟に回復することを心がけていました。

でも、最近は休みの日に、メンバーやスタッフさんたちと遊ぶことができるようになりました。人と一緒にいることによる疲れは、人といることでも癒やされる。むしろ人と一緒にいることで〝マイナスからプラス〟にチャージできるんだということを私に教えてくれたきっかけは、ノースリーブスという場所だったと思うんです。

これからもゆるーく、このトリオの関係は続けていきたいと思っています。

センターはひとり、エースはたくさん

チームって、看板となるメンバーを表に掲げながら進んでいかないと、うまく回っていきません。お客さんの目を引く目印がないと、見てもらうことすらできない。

それが、センターです。ＡＫＢ48にとって、初代の絶対的センターは前田敦子でした。

ステージの一番前、センターの立ち位置は、「ゼロ番」と呼ばれます。そこから左右にずれるにつれて、1番、2番……と数字は大きくなります。

数年前、敦子の代わりに、ステージでセンターを務めたことがあります。不思議な感覚でしたね。自分の前には、メンバーが誰もいないんです。しかもＡＫＢ48にとって、センターはフォーメーションの起点ですから、ほとんど移動がないんです。そのかわりに、周りがすごく動いている。センターは、断固として動かない、ブレない人。そんなイメージが、私の中に生まれた瞬間でした。

昔は私も、ゼロ番に憧れがありました。

でも、前にもお話ししたように、私は前田敦子にはなれなかった。だから、こう思うようにしたんです。

立ち位置が1番でも2番でも3番でも、私の目の前にいる人にとっては、私がセンターにくる。

どこにいても自分を真っ正面に見つめてくれている人がいるんだと思うようになったら、そこが私のゼロポジションだと思えるようになったんです。

それに、センターは基本的に、そのチームの中に一人しかいません。でも、エースっていっぱいいると思うんです。

エースにはいろんな形があります。バラエティ担当、お色気担当、ダンス担当……。グループの中で、自分の果たす役割を持っている、それぞれの形で一番の輝きを放っているなら、エースです。

光があれば、周囲を照らしてくれることにもなるんです。輝いているひとりの、隣にいるメンバーの姿もはっきり目に入るようになる。

エースがたくさんいれば、チームの隅々まで輝かせることができます。

みんなに目指してもらいたいと思うのは、その形ですね。目指すは全員エースのチーム、だと思います。

アイドルとして成功したいなら、恋愛はしないほうがいい

アイドルという空想の生き物が、恋愛をしている様子なんて見たくない。そもそも恋愛をしている時間なんてないはずだ。夢に向かって、ひたむきに頑張ってる姿を応援したいんだ……。ファンのみなさんの多くが、そう思っていることは知っています。記者会見などでもよく、AKB48の「恋愛禁止」というルールについて質問されます。

私が決めたルールではないけれど、グループのリーダーとして「守らなければいけない大切なルールです」と、世の中に発信していく機会が何度もありました。

私のその言葉が結果的に、メンバーを苦しめることにもなりました。そんなメンバーの姿を見て、私も苦しめられもしました。

いろいろなケースを見てきました。指原（莉乃）のようなレアケースもありますけどね。あの人は、アイドルのカタチすら変えてしまう、強烈な個性の持ち主なので。

10年かけて、私なりに出した結論があります。

アイドルとして成功したいなら、恋愛はしないほうがいい。

アイドルといえど、年頃の女の子です。恋愛をしたいと思うのはしょうがないと思います。

でも、アイドルとして成功したいんだったら、恋愛をしないか、バレないでするかの二択しかない。バレないでするというのはすごく難しいことだから、だったらしないほうがいいんじゃないか。

普通の女の子としての幸せとアイドルとしての幸せ、どっちも得ることはとても難しいことだなと思います。

失敗を許す力

人は誰だって失敗します。

自分自身を振り返ってみてもそう思いますし、ＡＫＢ48に10年間いたおかげで、いろんな人の、いろんな失敗を見る機会がありました。

失敗するのはしょうがないことなんです。

失敗をどうリカバーするか。ピンチをチャンスにどう変えることができるのかが大事です。

周りにいる人は、失敗してしまった人のことを支えて、手を差し伸べてあげられたなら一番いいと思います。でも、他人ができることは少ないかもしれないし、その人自身が、自分の力で立ち上がりたいと思っているかもしれない。

どんな状況であれ、誰もがひとつ、できることがあります。

それは、許すことです。

失敗しても、必要以上に責めない。叩かない。こちらまで失敗の影響が降りかかってきたとしても、「しょうがないよね」と笑顔を見せる。

私も昔、失敗してしまった人のことを、すごく責めてしまったことがありました。あなたのせいで私の人生が狂わされてしまう、どうしてくれるんだと叫んでしまった。そんな姿を周りに見せるなんて、リーダーとしては大失敗です。

ダメダメな私を支えてくれたのは、メンバーのみんなでした。そばに来て、寄り添ってくれたんです。その優しさに触れて、私の心も柔らかくなっていきました。

だいぶ時間はかかりましたが、「人間なんだから、しょうがないよな」と、あの時責めてしまった相手のことを、許せるようになりました。

　失敗を許す力を身に付けたことで、強くなりました。あの時そばにいて、私の心を強くしてくれたメンバーには、私にできることがあればなんでもしたいと思っています。そして、そのメンバーに出会わせてくれた、ＡＫＢ48というグループにも、恩返ししたいと思っています。

相手を信じて弱さを見せる

　ずっと、強くい続けることが正義だと思っていたんです。リーダーとして、みんなを引っ張る立場の人間は、完璧じゃなければいけないと思っていた。

　自分で生んだその考えに引き摺られて、必要以上に気丈に振る舞って、パンクしかけたことが何度もありました。

　でも、最近つくづく実感していることがあります。常に強くいることが正解ではない。その人の弱さを知ると、不思議と、その人についていきたくなる。弱さを見せられることもまた、強さなんです。

メンバーに対してだけでなく、ファンの方に弱いところを見せることも、ほんの少し前まですごく嫌でした。

例えば、握手会に来るファンの方は、私たちが出ているテレビやライブを観て、元気をもらいに来ている。そこでネガティブな発言をするのはおかしいと思って、どんなに調子が悪い時も、「元気だよ。大丈夫だよ」と言っていたんです。

ある時の握手会で、体調も気持ちもどうしようもなく最悪だったことがありました。遠くからわざわざ握手会のために来てくださっているファンの方もいるし、休めないなと思ったんです。

私は隠していたつもりだったけど、なんとなく空気として出てしまっていたんでしょうね。ファンの方から、「今、マジできついでしょ？　きついならきついって言ってよ」と言われたんです。思わず「きつい」と漏らしてしまいました。

すると、その人は自分の握手券を全部出してくれました。でも、握手のブースには入ってこなかった。無理をしている私のために、貴重な握手券を使って、休憩の時間を作ってくれたんです。

本当に申し訳なかったんですが、こんなダメな自分さえ受け止めてくれるんだ、とファンの方のありがたさを実感しました。そして、無理な時はちゃんと無理だと言おうと思いました。

本当につらかったら、ちゃんと休むという選択もしよう。元気な姿をファンのみなさんに見せられるように、と。

弱さを見せられることが、一番の強さ

２０１５年、私にとって最後の総選挙で、初めて「１位になりたい」と宣言しました。なれないものに挑戦するって、怖いことです。でも、そこに挑戦する姿をメンバーに見せることが、選挙ポスターのキャッチコピーにもした「私が皆に残せるもの」になると思ったんです。

それまでの総選挙では、ファンの方に「応援するよ」と言われても、私のほうから「いいよいいよ」「他の若いメンバーのことを応援してよ」と言っていました。リーダーだから、総監督だから、周りを引き立てないといけない立場だから……と。

でも、それは言い訳だった。「1位になれない自分」と向き合うのが怖い。だから私は、自分の気持ちに蓋をしていたんです。

その蓋を、最後の最後で開けました。すると、ファンのみなさんは「たかみなが最後にやっとワガママを言ってくれた！」と喜んでくれたんですよ。「たかみなのために頑張ろう！」と結束する姿を見せてくださった。結果、1位にはなれませんでしたが、4位という過去最高の順位をいただけることになったんです。

今では「アイドルとファン」という関係ではないのかもしれません。出会い方が違ったら、「親友同士」になったと思う。素の自分の激弱な部分を、さらけ出せたからこそ、関係を深めることができた。

強がるのも大事です。でも、弱さを見せられることが、一番の強さだと思います。

2012年8月、結成当初からの夢だった東京ドーム公演に立つ、第1期メンバーの6名。

第八章　ＡＫＢ48のチーム論

ＡＫＢ48での活動は基本的に、チーム戦です。

ソロで活動することも多いですが、ＡＫＢ48という肩書を背負う時には必ず、一緒に戦う仲間がいます。

勝利条件は、一致団結したパフォーマンスによって、お客さんを喜ばせること。そのために必要なのは、自分たちも楽しむということだと思います。メンバーのそれぞれが、このチームで一緒に戦えることを喜べるかどうかが鍵になる。

私は第1期メンバーとして10年間、いちメンバーとして、途中からはリーダーとして、ＡＫＢ48の活動に携わってきました。

これまでお話しした①理解する、②ほぐして、つなぐ、③導く、④手本を示す、ということを私はどうＡＫＢ48で実践してきたのか。

このグループのそもそもの成り立ちや歴史、チームとして強くなっていくうえで迎えた転換点などを振り返りながら、お話ししていきたいと思います。

ひとりではかなわないから、チームで戦う

第1期オーディションのチラシに書いてあったのは、こんな言葉でした。「秋元康プロデュース、秋葉原48プロジェクト始動！」。

今でこそAKB48はグループアイドルとして認知されていますが、当初のコンセプトは「メンバー同士で競い合うグループだ」と言われていたんです。

こんなにがっつりみんなでチームを組んで活動するとは、1期生の誰も思ってなかったんじゃないかな。「全員ライバルでしょ？」という気持ちで集まっていたと思う。別に仲良くなる必要もないなって思ったし、仲良くならないとも思っていた。

でも、2005年12月8日の劇場公演初日にいざ幕を開けてみたら、250人入る場内に7人しかお客さんがいない。これから毎日、公演はある。「劇場を埋めるためには、メンバーみんなで力を合わせなければいけない」という事実に直面して、初めてグループってことを意識したんです。

みんなで話をするようになってから、異様に盛り上がった話題があります。「ここに来る前に、何のオーディション受けた？」と。とあるソロ歌手系のオーディション

を、１期生が６人ぐらい受けて落ちていたんですよ。「みんな落ちていたんかい！」ときゃっきゃしましたね。

そもそも私は「ホリプロスカウトキャラバン」というオーディションの最終選考で落選して、その帰り道にＡＫＢ48メンバー募集のチラシをもらって、オーディションを受けました。まさに、落ちこぼれからのスタートです。

そんな私と似たりよったりで、集まったのはみんな、欠点がある子ばっかりだったんです。ひとりでは売れなかった子たちが寄せ集められてできた、落ちこぼれ集団だった。

自分ひとりでは何もできない、でも、やりたいことがあるんだ。「ひとりではかなわないから、チームで戦うんだ！」という落ちこぼれ同士のパワーが、ＡＫＢ48の土台を作ったんです。

相手のことを知れば嫌いにはなれない

１期生たちで、何とか２５０人の定員を埋められるようになった、２００６年2月、第2期オーディションが行われメンバーが追加されました。新しいメンバーが入って来た時に、私たち1期生は「チームA」という名前を与えられました。2期生は「チームK」となり、チームが分かれました。チームKには後にAKB48のセンターとなる大島優子がいました。

チームKができたことで何が起こったかというと、劇場の観客動員数やステージのクオリティなどで、比べられるようになったんです。

違うチームができたことによって対抗意識が生まれ、チームの中に「負けたくない」というパワーが加わりました。競争が生まれたことによって、団結力が芽生えたんです。相手チームに対しては、ピリピリしていた。

そんななかで、2007年7月のこと。チームAとチームKが一緒になって、ひとつのチームを組んで新しい公演を行うことになりました。

最初の頃のレッスン場は、お互いどう歩み寄っていいのかわからない雰囲気でした。

例えばチームKで振りを覚えるのが早い子がいたとしても、「すごいね」とは素直に言えない自分たちがいたんです。

教えてほしいんだけど、「教えて」と言うのはプライドに反する。だから黙っている。私に限らず、みんな本当に不器用な子たちでした。

でも、レッスンは毎日あるんです。公演が始まってからは毎日同じステージの上に立つし、毎日MCをしないといけないから、打ち合わせするためには話さないといけない。

そうすると、この人はここが面白いな、尊敬するな、かわいいな、ここはこの人より自分は劣ってるんだと気づいていって……いつの間にか、みんなと仲間になれていました。一緒に公演をすることで、〝ダマ〟がほぐれていったんです。

名古屋に姉妹グループのSKE48ができた時も、同じ経緯でしたね。

次の『大声ダイヤモンド』（2008年10月）という新しいシングルのセンターは、敦子でもなくAKB48のメンバーでもない、「名古屋の子らしい」という一報が入った時のザワつきは半端じゃなかった。

不審感を抱きながらレッスン場に入ったら……その子が必死になって練習していたんです。「よろしくお願いします。松井珠理奈《まついじゅりな》です」と挨拶する姿がけなげで。年齢を聞いたら11歳！　見た目こそ大人びていましたが、話をしてみたらまだ幼くて、本当にまっすぐないい子で。

その人のことを知らないから、嫌いでいられると思うんです。知ってしまったら、嫌いになんてなれない。

チーム作りの第一歩は、相手を「知ること」だと思います。リーダーとしての視点をもらった、本当に大きな経験でした。

キャプテンという肩書に押しつぶされた経験

2009年8月、今や定番となった〝組閣〟が初めて行われ、A、K、Bのチームのメンバーが完全にシャッフルされて、まったく新しいチームになりました。そして私は、チームAの初代「キャプテン」に任命されました。

何より苦しかったのは、初代キャプテンには、一切のマニュアルがないことでした。

それまでも私はチームの中でリーダー的な仕事をしていましたが、「キャプテン」

という肩書が付いた途端、責任感で身動きが取れなくなってしまいました。

キャプテンとして何をしなければいけないのか、チームをまとめるためには何が必要なのか……。やらなければいけないことを、自分で見つけなければいけなかったんです。

当時の私はキャプテンという肩書にいっぱいいっぱいになってしまい、気持ちがパンパンになりました。敦子やみぃちゃん（峯岸みなみ）が、「大丈夫？」と聞いてきてくれたのに、私の答えは「大丈夫、大丈夫」と。

「高橋はできる」と思われている。その期待に応えなきゃいけない。

でも本心では「できないよ、何もできないから、必死にやってるんだよ」と思いながら、完璧を目指そうと自分にプレッシャーをかけ続けていたんです。

その結果、パンクしました。無理なものは無理だと言うべきだったんです。

心がすり切れるような気持ちで、「ごめん、ここの仕事をお願いできるかな」とメンバーに頼みました。

「ぜんぜん大丈夫だよ。たかみないっぱいやることあるでしょ、やるよ」とみんなが言ってくれました。

周りの子からすると、「たかみなは自分でなんでもやりたい子だ」と、自分が手を出すことで逆に邪魔になっちゃうと思わせていたみたいなんです。

私に必要だったのは、メンバーを信頼して、「任せる」ことだったんです。

その後、総監督に指名されてからは、より一層「任せる」ことの意義を実感するようになりました。「任せる」ことも、大事なリーダーの仕事。このことは、後の章で改めてお話ししたいと思います。

震災で感じたグループの力

２０１１年3月11日、東日本大震災が起きたあの日、私は仕事で海外に行っていました。

日本が大変になっている状況を映像で観ながら、メンバーと一緒にホテルで震えていました。震源地は東北地方だと聞いて、自然と東北に住んでいるファンのみなさんの顔が思い浮かびました。

帰国してから、自分に何ができるんだろうと考えたけれど、自分ひとりではほとんど何もできないことに気がついて……。他のメンバーも同じ気持ちだったと思います。

そんな中、AKB48グループはかなり早い段階で、復興のための募金を行いました。募金を集めるサイトもすぐに立ち上げた。スタッフのみなさんの行動力を、グループの一員として誇りに思いました。

3ヵ月ほど経った頃、みんなで初めて現地に行きました。

自分たちみたいなアイドルが行ったところで、何ができるんだろう。エンターテインメントなんて今は求められていないのではないか。私たちの存在がむしろ、復興の邪魔になってしまうのではないかと、最初は怖かったです。

訪問先の体育館に入りました。入った瞬間、子供たちがぶわーっと集まってきて「AKB48だ！」と喜んでくれました。ライブ中は大人のみなさんも何曲か、私たちの歌をくちずさんでくれたんです。

ライブが終わった後で、関係者の方に「ここにいる子供たちは半分以上が震災で親御さんを亡くしているんです」という話を伺いました。

「それ以来ずっと笑ってなかったけど、久しぶりに笑顔を見ました。ＡＫＢ48さんが来て嬉しかったんでしょうね」と。

「私たちにもやれることがあるんだ」と思いました。そして、人生で初めて「アイドルになってよかった」と思いました。

それまでの私は、自分がアイドルであることの意味や、グループが大きくなったことの実感を、あまり感じることがなかったんです。

アイドルだったからこそ、自分たちが発言することで、若い人が関心を持つきっかけを作ることができる。ＡＫＢ48が被災地を訪問したということがニュースになって、記憶を風化させないための手助けができる。

あの日からもう4年以上が経ちましたが、ＡＫＢ48は被災地の訪問活動を今も毎月続けています。

定期的に行っているからこそ、「あの時あった瓦礫がなくなったな」と分かるんです。同時に、「まだまだ復興には時間がかかるな」とも感じます。

被災地の人々を、こんなふうに身近な存在に感じられたのは、ＡＫＢ48のおかげです。少しでもなにかみなさんの力になれたのは、このグループにいたからこそでした。ＡＫＢ48を卒業してからも、自分の足で被災地へ行こうと思っています。

卒業は悲しいけれど新しいチャンスでもある

グループに新陳代謝はつきものです。私はグループの1期生ですから、一番多くの卒業生を見送って、一番多くの新メンバーを迎えてきました。

みんなが卒業する姿を、ずっと見てきたから分かります。

卒業を決めたのは、他の誰かの意見ではない。自分自身の意志でみんな、旅立っていったんです。

それを止めることはできません。私たちにできるのは、素敵な花道を作って、卒業生をそれぞれの道へ送り出してあげることぐらいです。

まだ慣れていないメンバーにとっては、不安になるばかりだと思います。特に選抜メンバーの卒業は、「このグループはどうなってしまうんだろう？」という恐怖があると思います。

でも、それはチャンスなんだと思ってほしい。1人抜けたなら、他の誰かが1人、選抜に入れるんです。

グループ全体のことを考えても、メンバーが卒業することは、悲しいけれど、グループにとって変化するためのチャンスです。

絶対に欠けてはならないと思っていたピースが欠けてしまうことから、新しく始まることがあるんです。

例えば、2012年3月、前田敦子がコンサートのステージ上で、グループを卒業すると発表しました。絶対的センターの卒業宣言は、メンバーの間に大きなインパクトをもたらしました。

私の中での変化は、その日のうちに現れました。どちらからともなく誘い合って、（大島）優子とふたりっきりで初めて、ご飯を食べに行くことになったんです。

それまでの私たちは、チームAとチームK、それぞれのチームを引っ張っていく立場だったから、どこかでライバル心もあったんだと思います。敬意はありながらもなんとなく、距離を縮められずにいました。

でも、敦子が卒業してしまうという現実を前に、チームの垣根を今度こそ完全に取っ払って、一致団結しなければ乗り越えられないという気持ちに自然となった。「これからのAKB48をどうする?」と、そこで初めて本気で語り合いました。その時にやっと私たちは、本当の意味で、〝戦友〟になれたんです。

そういう変化が、私の周りだけではなく、あの時グループのさまざまな場所で起きていきました。その結果、グループが大きく成長したと思っています。「前田敦子がいなくなったらAKB48は終わりだ」という予想を覆すことができた。

前田敦子の代わりには誰もなれないし、大島優子の代わりにも誰もなれません。そもそも、誰かの代わりになろうとする必要はないんです。

それぞれのメンバーがちゃんと自分と向き合って、自分自身の輝きを放つ。それだけでも、チームは強く、新しくなれるんです。

ずっとやり続けたからこそたどりつけた場所

「いままで活動してきたなかで、一番嬉しかった出来事は？」。そう尋ねられたら、やっぱりあの日付を答えると思います。

ＡＫＢ48は活動をスタートさせた初期の頃から、「東京ドームでコンサート」を目標に掲げてきました。その夢が叶った日付は、２０１２年8月24日。

ありがたいことに、24日、25日、26日と、いきなり3デイズもコンサートをやらせてもらいました。

コンサートタイトルは、「AKB48 in TOKYO DOME～１８３０ｍの夢～」です。「１８３０ｍ」とは、ＡＫＢ48劇場から東京ドームまでの距離を表しています。

遠い道のりでした。でも、こつこつと一歩ずつ歩んでいくことで、私たちは夢の場所にたどりつけた。

ずっとやり続けたからこそたどりつけた場所は、途方もなく大きかったです。

初日の1曲目は、１期生6人だけでステージに立ちました。歌った曲は、私たちにとって初めての劇場公演曲、『ＰＡＲＴＹが始まるよ』です。

歌い出す前に、ステージの裏で円陣を組んだんです。6人の小さな円でした。本当はみんなで立ちたかったんです。第1期メンバー全員で。

でも、夢の叶え方は、みんな一緒じゃなかった。それぞれの道を行くことになりました。

私が「これだけだね」と言ったんです。そうしたら別のメンバーが、「でも、これだけいれたじゃん」と答えました。

いろんなことがあったけど、やり続けたから、この場所で、5万人もの人たちの前で1曲目を歌える。

「まだ終わんねーぞ！」と言ってステージに飛び出していったのが、私のAKB48人生のなかで、もっとも大切な思い出かもしれません。

私たち6人がここのステージに立つ姿を見せることで、去っていった仲間もきっと喜んでくれる。

私の憧れのリーダーだった、あゆ姉（折井あゆみ）も客席から見守ってくれていました。

私たち6人がステージの上で、AKB48が始まったばかりのあの頃を思い出すことで、当時の仲間たちも一緒にステージに立つことができたと思うんです。

2014年12月8日、劇場公演で卒業発表をすると同時に、次期総監督に横山由依を指名した。

第九章　「任せる」ことがリーダーの最後の仕事

リーダーの最後の仕事が、「任せる」ことだと思います。

これまでの章でお話ししてきた段階をクリアしてようやく、「任せる」ことができる。

これをチーム作りの序盤でやってしまっては、無責任になるし信頼関係が壊れることになってしまうと思います。まずはとことん、やれる仕事は、自分でやる。その日々を積み重ねていれば、「任せたよ」と伝えた時に、メンバーは「任せてもらえた。頑張ろう」という気持ちになる。

この章では「任せる」ことの意義について、お話ししていきたいと思います。

リーダーたちと「ひとりひとり」の関係を結ぶ

私が「任せる」意義にがっつり気付いたのは、2012年8月。サプライズで、「AKB48グループ総監督」の肩書をもらってからだと思います。

あの瞬間は、キャプテンに任命された時とは比じゃないぐらい動揺しました。まず、聞き慣れない。言葉の響きが硬い。「総監督、って何?」と。

名前がおもしろすぎてみんな笑ってるから、最初は「おかしな名前をつけられちゃったな」というスタンスだったんです。

その後のファンのみなさんの反応によって、事の重大さに気付きました。「総監督……ということは僕が推しているチームも見ていただけるんですよね？」という期待を投げかけられて、「あっ、全部見なきゃいけないのか！」と気付いてしまった。

人生最大のパニック期の始まりです。

いろいろ悩んで葛藤した結論としては、「全部見るなんて無理」でした。選択肢は「任せる」しかなかったんです。

理想としては、自分がちゃんと全メンバーと、「ひとりひとり」の関係性を築きたいんです。本当の理想を言わせてもらえるなら「1チーム16名」が、メンバー全員に目が届く、最良のキャパシティだと思います。

300名を超える人数では到底無理なんです。だとしたら、それぞれの姉妹グループを仕切っているリーダー的存在の子と、「ひとりひとり」の関係をしっかり結ぼうと思いました。その人数ならば、私も大丈夫だと自信を持って言えます。そして、その子たちのチームに所属しているメンバーについては、リーダーたちに「任せる」。

すべてに首を突っ込んでいいわけじゃない

総監督ってなんなのか。立場としては、姉妹グループを含めたAKB48グループのまとめ役です。

ですが、個人的には、あくまでAKB48をまとめている感覚です。私の中で、AKB48は自分もメンバーとして所属しているし、スタッフさんとのつながりも密なものができあがっているので、個々のメンバーのコンディションの把握はだいたいできる。

じゃあ名古屋のメンバーはどうだ、大阪は、福岡は、新潟は……と言われたら、正直、分からないです。

福岡にいるメンバーは指原（莉乃）が一番分かってるし、大阪だったらさや姉《ねえ》（山本彩）が一番分かってるし、名古屋だったら（松井）珠理奈や（大矢《おおや》）真那《まさな》が一番分かってるし、新潟だったら北原《きたはら》（里英《りえ》）とゆきりん（柏木由紀）が一番分かっている。その子たちを差し置いて、私が口を出すつもりは最初からさらさらないんです。その土地にいるファンの方が地熱を持って、それに応えるようにメンバーが奮起して一緒に頑張っていく、一緒に喜ぶ、一緒に成長する。まるでＡＫＢ48の初期のような物語を彼女たちがそれぞれの土地で作っているのならば、私が口を出すことは絶対しないほうがいい。

例えばＡＫＢ48グループが集まる大きなコンサートでは、私がエネルギーのベクトルを示します。その場で「志」を立てるのは私だけれども、実際にチームを仕切らなければいけないのは、大阪だったら大阪の子なんです。

私が突然ＮＭＢ48の若手の子に「できてないいな」と言っても、「高橋さん、全然私のこと知らないじゃないですか」となりますよね。なぜなら、「ひとりひとり」としての関係性ができていないからです。さや姉がそこは言うべきなんです。そうすれば、「彩さんが言うならそうなんだ」となるんですよ。

言い出したくなっても、こらえるんです。中途半端に口を出したり、中途半端に「任せる」のが、一番良くない。「任せる」なら、すべてを「任せる」。そう腹をくくって行動できるようになったのは、総監督になったことによって、いい意味で、諦めなければならなくなったからだと思います。

自分ひとりでは、ひとつの考えしか出てこない

総監督になり、「任せる」ことが自然とできるようになってから、いろいろなことに気付き始めました。

「任せる」ことには、さまざまなメリットがあります。自分の仕事が軽減される……というのももちろんありますが、もっと大きなメリットがある。メンバーが成長できる、ということです。

それまでの私は、「自分で全部やっちゃったほうが早い」という思考に陥っていたと思います。でも、それだとスキルアップして成長できるのは私だけなんです。

これからのグループの未来を担うのは、若手メンバーです。その子たちを伸ばさなきゃいけないんだと思った時に、「自分だけがやっちゃいけない」と気付きました。

自分の仕事をどんどん任せて、託して、負荷をかけて、成長させなければいけな

い。

リーダーをやっていると、自分と同じ人が何人かいたらラクなのに、と考えてしまうことがあると思います。でも、それだと1個の案しか出てきませんよね。

自分ひとりの考えだけでは、グループの可能性を狭めてしまうことになりかねません。私の考えが１００％合っているわけではないし、いろんな可能性をみんなに見せてもらって、みんなでアイデアを練り上げたほうが、未来の可能性はどんどん膨らんでいく。

人を成長させるには、時間もかかるんです。でも、その時間は、グループの未来のために必要な時間です。だから私としては、若手メンバーに対してヒントは出すけれども、手を出さずに、じっと待つ。そんな「待ち」の姿勢が取れるようになったのは、ここ最近です。

「任せる」ための準備期間

目に見える任せ方と、目に見えない任せ方があると思います。

というのも「私の代わりを任せたぞ」と言われたら、プレッシャーになる場合もあると思います。その子が「任された」とは思わないように、裏で動くパターンが私の場合は多いです。

例えば、卒業発表して以降のライブから、「私はＭＣに出ないです」とスタッフさんに伝えてあります。私の代わりに、他のメンバーがＭＣを「任されている」かたちです。そこで自分なりに考えて、失敗したり成功したりしてほしいのに、私の「任せたぞ！」という思いを受け止めちゃうと、のびのびとした発想ができないと思うんです。

でも、一度だけ「私の代わりを任せたぞ」と、みんなの前で口にした経験があります。昨年末に卒業発表をして、次期総監督に横山《よこやま》由依《ゆい》を指名させてもらった時です。

まず、卒業することに関しては、かなり前から決めていました。

具体的にいうと２０１２年３月に同期の（前田）敦子が卒業発表して以降、「じゃあ私はいつだ？」と本格的に自分の卒業と向き合い始めました。

変な時に辞めてしまったら、それまでやってきたことが何の意味もなくなってしまう。文の始まりが素敵だったからこそ、最後の「。」はきちんときれいにつけたいなと思いました。漫画だってそうですよね？　途中がどんなに面白くたって、最後がシラけてしまったら「つまらなかった」という印象で終わってしまう。

きれいな「。」をつけるためには、節目の「10年」だろうと結論を出しました。

実は一昨年くらいの段階で、横山には一度、「総監督になることについてどう思う？」と聞いているんです。私の中では、次の総監督は彼女しかいないと思っていた。ただ、彼女はその時まだキャプテンも経験していなかったんですよね。答えは「う〜ん……」でした。だから私は、「私が卒業するタイミングで、総監督というポジションをなくそう」と思ったんです。

「総監督」の肩書をチャンスに変える

卒業に向けて具体的に動き出したのは、2014年の冬、秋元先生と人生2度目の、サシのご飯会の時でした。

私の気持ちを察してくださっていたんだと思います。「卒業はいつにする？」と。

私は「ＡＫＢ48の10周年と決めています」と伝えました。そして、9周年の、２０１4年12月8日に卒業発表をすることになりました。そこで私は秋元先生に、「総監督をなくしたいです」と言ったんです。

それは無理だという話になりました。女の子の集団には、まとめる人が必要なんだ、と。ちょっと考えさせてもらっていいですかと秋元先生に言って、横山に2年越しで確認を取りに行きました。たまたま隣同士だった、仕事帰りの新幹線の中です。

私自身、総監督という肩書に苦しめられたこともたくさんあったし、プレッシャーに押しつぶされそうになったことも多々あります。でも、「この子がグループのリーダーなんだ」と世間が注目してくれて、私の名前を覚えてもらえました。ソロデビューさせていただくこともできました。自分のいた前までのポジションから、ポンとひとつ跳ねあがることができた。

次期総監督に就任するということになれば、横山にもそのチャンスが巡ってくるはずです。彼女の夢である歌手としてのソロデビューも、ぐっと近づくんじゃないか……。ズルい誘い方だと思われるかもしれませんが、総監督という名前の持つパワーを伝えました。そのうえで、1年間かけて私の仕事を横山に引き継いでいきたい。卒業してもちゃんとケアしに行くし、これからも私は力になるから、どうかなと聞いたら、彼女は「分かりました」と言ってくれました。

「支えたい」と思わせるリーダー像

次の総監督に、私と似たり寄ったりの子を選んでもしょうがないと思ったんです。「2人目の高橋みなみ」を作ってもしょうがない。確かに横山は後継者ですし、私と同じ仕事をやらなければいけないんですが、全部を全部教えようとは思わないです。彼女には彼女なりのやり方を見つけてほしい。

ただ、根本的な部分で、私と彼女は似ているところがあります。努力し続けることを、諦めない気持ちです。

横山は正規メンバーになる前、平日の昼間は地元である京都の高校に通い、放課後はアルバイトを掛け持ち。そこで稼いだお金で、東京に通う交通費や宿泊代をまかなっていました。ど根性ですよね。

その後、彼女はキャプテンを任されるようになり、若手メンバーの面倒をみるようになってから、強いリーダーシップを発揮するようになりました。私から見ると荒削りだなと思うところも多かったけど、頑張っている彼女に対して若手はみんな、「横山さんを支えなきゃ！」って感じだったんですよ。

私は自分の背中を見せて引っ張って、「みんな、付いて来い！」タイプです。その意味では、横山と私は正反対なんですよね。でも、こういうキャプテンもあるんだ、このリーダー像は新しいなと学ぶことができました。

彼女には「できないこと」がいっぱいあります。子供な部分もあるし、言葉が荒々しくなってしまうし、まとめの言葉だってへたくそです。周りがツッコミたくなるような子なんだけど、「支えたい」と思わせる力は私よりも断然あるなと思うんですよ。「横山さんはこれができないから、じゃあ私たちが頑張らなきゃいけないんだ」と。

今の若手を育てるには、横山のようなリーダーなのかもしれない。私が持ってないものを持っている、それが彼女の何よりの魅力だと感じています。

私は今や数少なくなった第1期のメンバーです。若手メンバーにとっては、年上であり先輩であり、テレビに出ている人というイメージです。

横山は中間の期（第9期）だから、上にも下にも、ある意味平等なんですよね。研究生時代もあったし、恵まれない時代もあったし。今だって選抜では優遇されたポジションではない。

立場をいろいろ経験しているからこそ、いろいろな気持ちが分かる。だから、賭けてみようと思いました。

グループが変革を起こすためには

ひとつのグループにとって、節目の10年を迎えることは大きな事件だと思います。もしかしたら若手メンバーは、これからもずっと続いていくものだと思っているかもしれない。でも、実際に10年の節目を迎えた今、私が何を感じているかというと、危機感です。

昔のＡＫＢ48を知っているメンバーはみんな、ひしひしと感じています。

でも、若手メンバーは途中からしか物語を見ていないから、マックスを知らない。

現状に満足してしまいかねない。そこの温度差を伝えていく努力を、上の世代はもっとしなければいけない。

10年の節目を越えて、これからグループが成長していくにはどうしたらいいのか。未来への危機感を、メンバーに共有してもらうにはどうしたらいいのか。

私がこのグループにいることから生じる、小さな安心感すらも邪魔をすると思いました。私の存在が、AKB48というグループの成長を止めかねない。

誰かがいなくならないと、新たなスタートは切れません。前田敦子がいなくなってから次のスタートが切れたし、大島優子がいなくなってからみんなが一段階、成長することにもなった。悲しいかな、それが事実です。

私は漫画の『ワンピース』が好きなんですが、物語のはしばしで仲間が増えていくのが面白いです。でも、出会いと同じくらい、別れも面白い。別れがあるから、盛り上がるんです。

これからのAKB48を面白くするためには、私がいなくなったほうがいい。ここから変革を起こすには——。

私がいなくなること。
このグループの未来を、みんなに任せて託すこと。
それが、総監督としての私の最後の仕事だったんです。

おわりに

私はこの本の中で何度も、「ひとりひとり」であることの大切さを語ってきました。リーダーの大事な仕事は、メンバーのひとりひとりといい関係性を築くこと。「みんな」とは、ひとかたまりの何かではない。一対一の関係性の積み重ねが、「みんな」になる――。

そのことを私は、ファンのみなさんに教えてもらった気がします。感謝の思いも込めて、最後にその話をしたいと思います。

約10年前、AKB48の活動が始まったばかりの頃。お客さんの入りもまばらだった時代に、スタッフさん経由で楽屋に一通の手紙が届きました。初めてのファンレターでした。実は、メンバーの中でファンレターをもらったのは、私が初めてでした。楽屋が沸いたのをよく覚えています。

「みなみちゃん、はじめまして。はじめましてと言っても僕は毎日来てる者です。いつもニット帽を被っていて……」という書き出しで、すぐに顔が思い浮かびました。「あの人だ！」と。その当時、よく劇場に来てくださっていた方からの手紙でした。

「あの人、私のファンだったんだ!」。
手紙は最初にひとりで読んで、嬉しくって、メンバーのみんなにも見せた気がします。確か、こんなことが書いてありました。

「たまたま劇場の近くを通りかかって公演を観たのが最初のきっかけでした。初めて観た時は、正直いうとダンスはヘタなんだけど、客席にこんなに人がいない中で一生懸命頑張っているみんなの姿に、感激してしまいました。仕事が終わってから毎日通わせていただくようになって、日々ちょっとずつだけど成長してるな、と思っているうちに、僕が目を引かれたのはみなみちゃんでした。仕事で来られない日はあるかもしれないけど、これからも、なるべく毎日来て応援したいと思っています」

その当時の私は、AKB48として活動しているんだけれども、お客さんはなかなか増えないし、目に見える成果が何か分からなかった。でも、ステージに立つ私の姿がその人に何かパワーを与えているなら、まずはその人のために私は頑張ろうと思ったんです。

自分のことを応援してくれる「最初の一人」を知ることができたことは、とてつもなく大きかったと思います。秋葉原のＡＫＢ48劇場という小さなハコで、顔の見える距離で、一対一の関係性を感じることができたからです。

もうひとつ、ファンの方と一対一で、人として向き合うことのできる場が、「握手会」でした。このイベントは私にとって、ただ握手をするだけのものではありません。握手をしながら目を合わせて、声をかけながら、お互いの顔と顔を突き合わせる場なんです。

この人たちが自分を応援してくれるファンなんだ。この人たちを喜ばせたい。この人たちがいるから、私は頑張れる。そう感じることができる、大切な場所。

その後、ありがたいことに、応援してくれる人の数はどんどん増えていきました。ＡＫＢ48というグループが大きくなっても、「ファン」という漠然とした大きなかたまりがひとつあるのではない。どんな時も、「ひとりひとり」の顔をイメージすることができたのは、劇場公演や握手会を通じてしっかりと私の胸に根付いた関係性のおかげだと思います。

ある時期からは、私のファンの方たちにはずっと、我慢をしてもらっていたと思います。

ファンの方たちにとっては、劇場公演やコンサート、音楽番組のトークなどで、もっと私に前へ出てきてほしい。でも、それを私は自分で選ばないし、人を生かそうとする。自分が輝くことよりも、グループ全体のことを考えて、人を輝かせることのほうに意識が向いていったんです。

悩むことがなかったと言えば、嘘になります。私の夢は、今も昔も、ソロ歌手として活躍することです。それなのに、特に「総監督」という肩書をもらって以降は、AKB48の仕事の優先度がどんどん自分の中で高くなってしまった。チームのために、私は自分の夢を押し殺しているんじゃないか、そんなジレンマが生まれていったんです。

でも、2014年12月に卒業発表をしてから、気が付きました。

私はなんのために、AKB48の中でリーダーとして活動してきたのか。「みんなのために」じゃない。「自分のために」だと思えたんです。

もしも私がいちメンバーだったら、グループを卒業することに対して、ここまで注目していただけることはなかったと思います。グループを引っ張る立場の人が卒業するから、世間の人がびっくりしてくれた。自分の名前を知ってもらう大きなきっかけは、総監督に就任したことだったと思いますし、幅広い世代の方々に知ってもらえたのは、この肩書の持つインパクトが大きかったからです。

メンバーやファンのみなさんに希望を持たせる言葉を伝えることができたり、「たかみなさんがそう思っているなら、こうしよう」と思ってもらえたのは、総監督という肩書があったからこそ、なんです。

この肩書は大きすぎて、つぶされかけたけれど、助けられることのほうが多かった。心をひと回りもふた回りも成長させてもらうための、特別な重りだったと気付きました。リーダーの立場で「みんなのために」と思ってやってきたすべてのことが、そのために苦しんだり悩んだりしたことが全部、「自分のために」なっていた。今後ソロとして、「ＡＫＢ48のたかみな」ではなく「高橋みなみ」として活躍していくための心の筋肉を、鍛錬させてもらっていたんです。

卒業を発表して初めて、そのことに気が付きました。失う時に気付くなんて遅すぎるかもしれないけれど、私にとってはとても大きな発見でした。

だから私は今、自分の未来に不安は抱いていません。ＡＫＢ48で10年間活動してきたという事実が、自分に自信のない激弱の私の心を、しっかり支えてくれています。

今なら言えます。

「私を総監督にならせてくれて、ありがとうございました」

高橋みなみのＡＫＢ48人生は、最高に幸せでした！

構成／吉田大助
装丁／平原史朗
編集／谷口晴紀